方言与文化丛书

东北方言与文化

王世凯 杨立英 著

中国国际广播出版社

图书在版编目（CIP）数据

东北方言与文化/王世凯，杨立英著.—北京：中国国际广播出版社，
2014.9
（方言与文化丛书）
ISBN 978-7-5078-3633-2

Ⅰ.①东… Ⅱ.①王…②杨… Ⅲ.①北方方言－方言研究－东北地区
Ⅳ.①H172.1

中国版本图书馆CIP数据核字（2013）第227563号

东北方言与文化

著　　者	王世凯　杨立英
责任编辑	张淑卫
版式设计	国广设计室
责任校对	徐秀英

出版发行	中国国际广播出版社（83139469　83139489[传真]）
社　　址	北京复兴门外大街2号（国家广电总局内）
	邮编：100866
网　　址	www.chirp.com.cn
经　　销	新华书店
印　　刷	北京广内印刷厂

开　　本	640×940　1/16
字　　数	100千字
印　　张	14.5
版　　次	2014年9月 北京第一版
印　　次	2014年9月 第一次印刷
书　　号	ISBN 978-7-5078-3633-2/H·411
定　　价	50.00元（含光盘）

CRJ
中国国际广播出版社
欢迎关注本社新浪官方微博
官方网站 www.chirp.cn

目　录

第一章　东北方言概说

第一节　东北"十怪"与东北方言

说到东北方言与东北文化，不能不先说说东北的"十怪"。

东北有"新十怪"和"旧十怪"。"新十怪"虽然并不是每个人都熟知，但一般都知其一二：

头一怪：秋林面包像锅盖，禁咬抗嚼又抗拽，又好吃又好带，搁上十天半月都不坏；

第二怪：红肠小肚供不上卖，味道独特不爱坏，探亲访友作礼品，到哪都是上等菜；

第三怪：越冷越吃凉冰块，糖葫芦冰棍销得快，冻梨冻柿子冻水饺，想吃就吃哪都卖；

第四怪：狗拉爬犁比汽车快，常搞越野拉力赛，冰雪天荒郊外，享不尽冰雪情趣生态；

第五怪：冬泳健儿大有人在，松花江里游得快，冰雪助阵齐喝彩，哎呀哎呀真能耐；

第六怪：老年秧歌贼来派，一色老头老太太，冰雪名城添风采，欢乐无尽春常在；

第七怪：貂皮大衣毛朝外，贼拉敢穿又敢戴，大姑娘美小伙子帅，个顶个地把人爱；

第八怪：喝起酒来像灌溉，酒量大来速度快，经常举办啤酒节，专有那喝啤酒大奖赛；

第九怪：冰雪大世界造得快，冰雕雪塑千姿百态，五光十色放异彩，誉满神州海内外；

第十怪：冰天雪地花不败，满街都是大头菜，三九寒冬冻不死，腊月寒风吹不败。

秋林面包是哈尔滨秋林百货公司经营的俄罗斯面包，也称"大列巴"，比一般家庭用的蒸锅要大，是当地的特色食品。红肠小肚是当地的风味食品，在当地和外地都比较受欢迎。糖葫芦、冰棍现在在各地都比较常见。冻梨和冻柿子是东北地区一种常见的储藏水果。由于冬季东北气温很低，梨和柿子在储藏时受温度影响结冻，成为冻梨和冻柿子。东北地区人们把结冻的梨和柿子不经过解冻，洗干净就可以直接食用。狗拉爬犁是东北地区原来的运输工具，现在多成为旅游项目，由狗牵引前进。冬泳在东北很常见，而且现在还经常举办各种比赛。秧歌也称东北大秧歌，平时多是老年人聚集在一起组成秧歌队，不仅成为锻炼身体的一种方式，现在也成了表演项目。貂皮大衣现在在北方已经成为常见的服饰了。东北人豪爽，饮酒也如此，所以就有了"喝起酒来像灌溉"的说法。第九和第十怪都是描绘东北冬季景色的，冰雕、雪雕在东北成为吸引游客的特色项目。冬季还有培植的结球甘蓝，成为绿化的品种，常用于美化市容。

随着东北特色旅游的开展，"新十怪"为很多人所熟识。但是"旧十怪"，不仅非东北人中很多人不知道，就是东北人中，很多的年轻人也不一定知道，甚至即使是上了些年岁的东北人也未必说得全。东北"旧十怪"是：

窗户纸糊在外，大姑娘叼烟袋，养活孩子吊起来，嘎拉哈姑娘爱，火盆土炕烤爷太，

百褶鞋脚上踹，吉祥喜庆黏豆包，不吃鲜菜吃酸菜，捉妖降魔神仙舞，烟囱砌在山墙外。

早年东北地区比较贫困，人的思想也比较守旧。窗户上面一律用十分厚实的"麻纸"把窗棱糊起来。窗户纸糊在外面一方面可以防止室内温度过高窗户纸因受热膨胀绷紧，另一方面也可以减轻窗户纸的损坏率。同时用麻纸糊窗户，透明度很小，增加了私密性。所以，玻璃出现之后很长一段时间，人们还是用纸糊窗户。

"大姑娘叼烟袋"在过去的东北农村比较普遍。据说原来满族格格"猫冬"的时候，以抽烟袋来起到取暖的作用，或是闲暇时间以抽烟袋来打发时间。也有一种说法，就是借用抽烟袋的方式来驱逐蚊、蠓，起到防止蚊虫叮咬的作用。现在抽烟的现象虽然存在，但已经不是普遍现象了，而且基本没有人抽烟袋，而是抽卷烟了。

"养活孩子吊起来"是指原来在东北地区，新生儿出生后放在一种长形、两头椭圆或半圆形的摇篮里，然后将摇篮用绳索固定在房梁上或以其他方式悬挂起来的一种特有的民俗现象。这种摇篮在当地称为"悠车子"。据说这种方式源于满族。满族有新出生的小孩"睡脑袋"的说法，就是只有把脑袋睡得圆圆平平的，才聪明好看。同时还有"绑腿"的说法，为了使孩子长大后腿比较直，要把孩子的双腿捆绑在一起，然后将孩子放到"悠车子"中，悠着长大。"睡脑袋"和"绑腿"就是"睡体形"。其实把孩子放在"悠车子"里的主要目的是让孩子在"悠车子"中酣睡，以便大人在炕上、屋内干活或到附近的田间劳作。

"嘎拉哈"是满语词，是猪拐骨或羊拐骨的意思，学名髌骨。髌骨有四个面儿，较宽的两个面分别叫"坑儿""肚儿"，两个侧面分别叫"砧儿""驴儿"。这是原来东北农村孩子，尤其是女孩的主要玩具。这种游戏当地称为"欻嘎拉哈"或"欻嘎拉"。每年杀年猪时，把髌骨攒下来，再用旧布头儿缝制一个小方口袋儿，装上粮食或秕谷，俗称"籽儿"。游戏时，把"籽儿"抛到空中，然后迅速把炕上的"嘎拉哈"改变方向，在"籽儿"落下时及时接在手中。如此往复，直到炕上所有的"嘎拉哈"都改变过四个方向为止。

"火盆土炕烤爷太"是对原来东北地区冬季取暖的一种形象描述。东北地区气候寒冷，农村因贫穷多半没有人买煤烧炉子取暖，多是用稻草、秸秆、木柴等烧土炕取暖。因为房子不保温，而且土炕热的时间不够持久，于是就用一个泥制的盆子，俗称"火盆"，装上燃烧后的火炭或带着余火的热灰，放在炕上取暖。

火盆还有一个作用，就是可以在里面埋上鸡蛋、土豆、地瓜或黏豆包等，通过余热使之熟透或起到加温的作用。

"百褶鞋脚上端"也说成"百褶皮鞋脚上端"。因为贫穷买不起棉、胶、皮鞋穿，人们就地取材，用干蒲草编成鞋子穿在脚上，以御风寒。蒲草叶片中有蜂窝状的空隙，具有防寒隔热的功能。用这种草编出的鞋有许多褶，故称"百褶鞋"。

"吉祥喜庆黏豆包"反映的是东北特有的饮食文化。黏豆包又称饽饽。"饽饽"是满语词，吃黏豆包也主要来源于满族人的饮食习俗。满族喜黏食，如大黄米干饭、大黄米小豆干饭、黏糕、油炸糕、黏火烧、黏豆包等。饽饽分很多种，如小米面饽饽、苞米面饽饽、高粱米面饽饽等，也形成了春做豆面饽饽，夏做苏叶饽饽，秋冬做黏糕饽饽的习俗。冬天东北没有什么新鲜、好吃的东西，进入腊月人们就把大黄米磨成面，包上豆馅，上屉蒸熟，然后冻起来，以后随时想吃，就从外面拿回来化开，热一下就可以吃。

"不吃鲜菜吃酸菜"也是东北原来的饮食习俗。原来东北地区不是不吃鲜菜，而是没有鲜菜可吃。进入冬季，人们为备越冬蔬菜，除了在地窖里贮藏白菜、萝卜外，家家都渍酸菜。腌制酸菜一般是用白菜，把鲜菜洗干净，用热水浸烫后放到大缸中，一层菜一层盐，灌上一些水，上面再用大石头压起来，一段时间过后，大白菜就发酵变酸。酸菜一直可以保存到第二年开春。

"捉妖降魔神仙舞"反映的是东北地区的一种封建迷信现象。原来东北农村医疗条件落后，加之当时科学知识普及不够，人们在生病时，就以为是妖魔鬼怪附体，当地称招了"没脸的了"，于是就请巫医神汉，当地称为"大神""二神"或"帮兵"，连唱带跳地给病人"跳大神儿"来驱魔降妖。据说，"跳大神儿"实际是萨满（巫师）的舞蹈。萨满舞是巫师在祈神、祭礼、祛邪、治病等活动中所表演的舞蹈，满族称萨满舞为"跳家神"或"烧旗香"。表演时，萨满腰系长铃，手持抓鼓或单鼓，在击鼓摆铃声中，请来各路神灵，请来神灵后就要模拟所请之神的动作进行各路神灵的表演。

"烟囱砌在山墙外"反映的是东北农村的建筑文化。过去盖房子时受到砌砖技术的影响，如果烟囱从屋顶出去，下雨时雨水会沿着烟囱流进屋子，造成湿墙根的现象。为了避免这个麻烦，建造房屋时，就把烟囱建在房山头儿一侧。

"窗户纸糊在外，大姑娘叼烟袋，养活孩子吊起来"，原是满族人的"三大怪"，后来延伸到了整个东北。"旧十怪"现在基本已经很难看见了。

"旧十怪"反映了东北的文化，同时也记录着东北的方言。东北方言属于北方方言，作为汉语北方方言的一种次方言，是东北地域文化的一个载体。东北方言具有多元性，不仅体现了北方少数民族的习俗和文化，也反映了汉民族迁徙的轨迹以及少数民族与汉族融合的历程。东北方言在特有的地域文化浸染下受到了洗礼，成为语言百花园中一朵独具魅力的奇葩。近年来随着东北语言艺术，尤其是赵本山及其团队的小品和赵家班影视剧作品在全国产生越来越大的影响，东北方言也逐渐受到越来越多的关注。

第二节　东北方言在汉语中的地位

一般认为，东北方言形成的时间不是很长，但是在汉语中还是处于很重要的地位。

首先，东北方言影响了普通话的形成。东北方言是汉语北方方言的次方言。普通话以北方方言为基础方言，而作为北方方言中影响较大的东北方言，在汉语各大方言中占有重要的地位。虽然现在普通话和东北方言之间的关系还不是十分明确，但是由于讲东北话的人分布范围广，民族多，一般认为东北话最接近普通话。这在很大程度上决定或者影响了东北话在各大方言中的地位。东北话尽管有自己的地域性，但同北方其他地区的方言相比，还是更接近于标准的普通话。语言学家曾作过这样的调查比较，即从官话方言八个次方言区各选一个城市的方言为代表，即北京话、哈尔滨话、烟台话、济南话、洛阳话、银川话、成都话、扬州话，将它们与普通话相比较。结果显示，东北官话比较接近北京官话。比如"母鸡"一词，北京、哈尔滨叫"母鸡"，河北、山东、江淮一带方言中叫"草鸡"，西南地区叫"鸡婆"。又如"公猫"，北京、哈尔滨等地叫"公猫"，而其他地区方言则有"牙猫""男猫""儿猫""郎猫"的叫法。语法方面，东北话与普通话就更加接近，如表示"给我一本书"的意思，北京和哈尔滨都作"给我一本儿书"，而其他方言各不相同，如"把我一本书""把一本书把我""把一本书我"等。所以一般认为，东北话对普通话的形成起到了重要的作用。

其次，"东北方言热"的形成。近年来随着东北话的强势崛起，东北话开始风靡大江南北，"东北方言热"逐渐形成，并呈现出燎原之势。事实上，原来东北话通常被认为是"土气""生硬"的地方话，很多离开东北的东北人进入其他地区学习、生活，都在学当地的方言。但是两股力量的崛起促使东北话几乎在一夜之间红遍大江南北。一是赵本山强势进军春晚造成了东北话对全国方言的冲击。赵本山及其团队以铁岭一带方言为主体用语的小品连续多年登上春晚，形成了全国人民跟学、跟风的现象，使东北话初露头角。随后，黄宏、宋丹丹、范伟、高秀敏、巩汉林、小沈阳等一大批东北话小品演员连续登上央视春晚，在语言类小品中，东北话独占鳌头，占据绝对的优势。二是随着赵本山、二人转以及东北小品的知名度不断提高，不少东北话作品也以影视剧的方式出现在荧屏上。《篱笆、女人和狗》、《刘老根》系列、《马大帅》系列、《关东大先生》、《东北一家人》、《乡村爱情》系列以及《猫和老鼠》东北话版等都对"东北话热"的形成起到了不可忽视的推动作用。

据有关媒体的统计显示，在地方方言作品中，东北话的影响力以及数量都排在各地方言电视剧的首位。随着东北方言小品、东北二人转以及孙红雷、小沈阳等以东北话为主体用语的新一代代表人物的出现和崛起，东北话正处于迅速发展的强势阶段。以至于有人认为，至少目前来看，东北话在方言中的霸主地位还是难以撼动的。

第三节　东北方言的历史流变

一、东北方言的形成

（一）东北方言形成的三个阶段

扬雄著《輶轩使者绝代语释别国方言》将当时的汉语划分为十二大方言区，东北方言当时划归"燕代方言区"。燕早在周武王灭殷商之前就起源于东北，号"东夷"。秦统一中国后，九夷完全同化于华夏族。燕人活动区域从燕山以东到辽东半岛及至朝鲜半岛北部、松花江南岸，活动区域很大。在 2000 多年的流动变化中，燕人不断与逐渐流入东北的齐、赵人融合。随着人口的流动，不同方言之间互相影响、整合，逐渐形成比较稳定的新方言，这是东北方言形成的第一个时期。

从秦汉时期开始，由陆路和海路到达东北的汉人相当多。其中燕人、赵人主要从陆路到达辽东一带，齐人则乘船从海上前往东北各地。进入东北的汉人"八世而不改华风"，长期以来就形成了汉语新的方言。秦汉、魏晋、唐宋时期不断有鲁、冀、豫、晋等各省人口流入东北。大量流入东北的汉人带来了汉族的文化和不同地区的方言，汉人及汉文化的影响已经覆盖整个东北。魏晋、隋唐几千年的接触融合，成为东北方言形成的第二个时期。

元明清以来，尤其是清代以来，汉民族及少数民族南北流动，特别是明清以来关内失业的农民大量流入东北，又促成汉满融合的良好局面，成为汉语东北方言形成的第三个历史时期。满汉接触是其中重要的原因，表现在政治、经济、文化等各个领域。清朝政府在婚姻政策方面允许满汉通婚。满汉通婚往往使得家庭交际语言由单语转为双语，汉语方言受到满语影响就成为必然；进入统治阶层的汉人必然一定程度上讲满语习满文，因此满语也必将影响汉语方言，在汉语方言中留下一定的印迹；满汉之间的经济和商业往来在很大程度上加快了满汉两种文化的融合和满人学习、使用汉语的进程。

（二）东北方言是东北少数民族和不同种族语言融合的结晶

自古以来，东北就是不同民族和种族的交汇地。历史上汉族居民长期与女真族、契丹族、扶余族、高句丽族、蒙古族、满族等不同少数民族共生共存，不同民族的民族语言在东北方言中至今都能找到相应的痕迹。例如女真语没有"知""吃""失"三母，辽东话（沈阳语）受此影响，也失去了这三个声母。另外，女真语没有"r"，受此影响，辽东话中原声母为"r"的音，发生了所谓的零声母化，声母变为"y"。例如：

汉字	沈阳语		冀东语	
插	ca	阳平	cha	阳平
差	cai	阴平	chai	阳平
沉	cen	阴平	chen	阴平
充	cong	阳平	chong	阳平

| 吹 | cui | 阴平 | chui | 阳平 |
| 洒 | sa | 上声 | sha | 上声 |

辽东话的这种特点直到现在依然有所表现，辽宁的抚顺、锦州、鞍山、岫岩地区现在仍存在 zh、ch、sh 与 z、c、s 不分的现象。满语对东北方言的影响就更加明显，如：

（1）哈什蚂：满语 hasima ᠊᠊᠊᠊ 的汉语音译，一种蛙，可以油炸、酱制，雌性哈什蚂腹内有脂肪状物质哈什蚂油，可做中药药材。

（2）哈巴（狗）：满语 kabar ᠊᠊᠊᠊ 的汉语音译，一种狗的名字。

（3）萨满：满语中 saman ᠊᠊᠊᠊ 的汉语音译，是满族所信仰的宗教——萨满教中的巫人。

（4）萨其马：来源于满语 sacima ᠊᠊᠊᠊，满族的一种糕点，用糖将油炸短面条等黏合即可做成。

（5）嘎拉哈：来源于满语 gacuha ᠊᠊᠊᠊，意思是"羊拐骨"。

（6）阿玛、玛玛：汉语中意思为"父亲"，辽宁北镇一些地区有这样说法，源于满语 ama ᠊᠊᠊᠊，意思与汉语相同。

（7）额娘、纳纳：汉语中意思为"母亲"，为满语 eme ᠊᠊᠊᠊ 的音译，在满语中的意思与汉语相同。

（8）haleba：在辽宁地区的方言中意思为"动物的肩胛骨"，来源于满语 hal-ba ᠊᠊᠊᠊，意思同汉语。

在东北，汉人与俄罗斯人、日本人曾长达半个世纪混合居住，日语、俄语也对汉语东北方言的形成产生了一定的影响。如

"沙咯楞的"，意思为"加快速度"，就是借用俄语的"沙"；"喂哒罗"（装水的小桶）、"布拉吉"（连衣裙）、"骚鞑子"（士兵）都是俄语的音译；"黑列吧"来源于俄语，意为"面包"；"笆篱子"来源于俄语，意为"监狱"。"博役"意为"勤杂工"，源于日语。

二、东北方言的发展

近年来东北方言频频被人们广泛使用和传播，全国各地一片东北方言之声。同时作为一种方言，它在语言发展的大背景下，本身也在不断发展。

（一）部分方言词语逐渐消亡

随着社会的发展，一些不合时宜的东北方言词正逐渐消亡。有人曾对哈尔滨方言词语的使用情况进行过调查，发现有一些方言词语在人们交际中的使用频率越来越小，或被不同程度地取代。例如"布拉吉"已被"连衣裙"取代，"毡疙瘩"已很少见了。

东北方言是以一种地域文化特色为基础的方言，东北地区戏曲和说唱艺术形式是以当地的方言为依托的。以二人转为例，这种曲目通俗浅显，深受东北地区人们喜爱，但是在东北戏曲二人转中有一些"脏话"和渲染迷信的词语，如"聚魂""搬竿子"等，随着社会的发展进步已经基本不再使用了。

（二）部分东北方言词语的使用范围不断扩大

一般来说方言仅限于本地区使用，但在东北方言中有一些词语不仅走出了方言区，而且在全国范围内广泛使用。例如"忽悠"一词，原本是一个口语性极强的东北方言词语，一般只在当地口语中广泛使用。自2002年春晚赵本山的小品《卖拐》使用"忽悠"一词点燃了"忽悠"流行的导火索以来，直到现在，"忽悠"并没有随着时间的发展而退出流行舞台，而是一直站在流行的前沿，甚至《现代汉语词典》已经将"忽悠"作为词条收录。尤其是《现代汉语词典》（第6版）更是增收了较多的东北方言词语。

三、东北方言的影响

东北方言近年来的影响逐渐增大。这种影响除原来对普通话的形成产生相应影响外，现在更主要的是不仅对普通话产生影响，而且对不同方言区也产生着越来越大的影响。随着东北语言艺术团队的形成和扩大以及网络等传媒的大众化，东北方言的影响更加显著。据说中国传媒大学某研究生在面试中无意间流露出一句"哎呀妈呀"，考官都认为这位考生是东北人，其实这位考生来自江南，语出此音是受同宿舍东北同学的方言影响。"张龙的博客"讲述了一个真实的故事：作者回母校与文学院领导及一位国际友人共进午餐。外国友人语言能力很强，可以用十国语言自由交谈。其间文学院院长（A）与国际友人（B）有如下一段对话：

A：我们这儿的话你都能听懂不？

B：你们这里讲的都是中国普通话，我都可以懂。

A：东北方言你也都能听懂吗？

B：东北方言其实就是普通话，应该没问题。

A：那你听听这句嘞——瞅他那砢碜样：埋了咕汰，贱不喽嗖，洋了二正，像个欠儿登似的，玻璃盖咯（kǎ）出血了也不说扑喽扑喽，自己猫犄甲里得瑟啥呀！

这让我们想到了两个问题：一是从讲话人的角度看，东北话已经成为一种可以讨论甚至可以欣赏的东西，这在以前是比较少见的。如果东北话没有相应的地位，没有产生一定影响，一般不会有人拿它上大雅之堂当作谈资。再从外国友人的角度看，把东北方言就看成是普通话，当然有对方言认识方面的误区，但这更直接地说明，东北方言有着不可忽视的地位。

东北方言的影响尤其表现在"东北方言热"方面。一方面，以东北方言为载体的影视剧等语言类作品数量激增、艺术形式逐渐多样化。东北方言作品最初走出东北，面向全国并登上媒体主要是东北方言小品，尤其以赵本山及其团队的作品为代表。以央视春晚小品为例，从1990年开始，《相亲》《小九老乐》《我想有个家》《老拜年》《牛大叔提干》《三鞭子》《红高粱模特队》《拜年》《昨天、今天、明天》《钟点工》《卖拐》《卖车》《心病》《送水工》《功夫》《说事》《策划》《火炬手》《不差钱》《捐助》《同桌的你》相继登上央视春晚，并年年获奖。继小品之后，以东北地区为题材，以东北方言为载体的电影、电视剧开始不断涌现。

除赵本山团队之外，而且有越来越多的人参与到这个队伍中来。另一方面，东北方言成为很多人愿意学习的对象。以东北方言为载体的艺术形式此前在东北地区普遍受到欢迎，如东北二人转等。随着东北方言的影响逐渐扩大，东北方言已经开始走向全国。

四、东北方言的覆盖范围

东北方言是一种官话方言，包括东北官话和胶辽官话。这里主要介绍东北官话，并简单介绍胶辽官话。

（一）东北官话

东北官话是属汉藏语系汉语族的一种声调语言，是官话语群的一个分支，分布于辽宁、吉林、黑龙江的大部分地区，以及内蒙古和河北等部分地区，一般把东北官话分为吉沈片、哈阜片和黑松片。

1. 吉沈片

吉沈片共有五十二个县市，分布在辽宁省、吉林省和黑龙江省。

（1）蛟宁小片十四个县市

黑龙江省：宁安、东宁、穆棱、绥芬河、海林、尚志、鸡东、鸡西；

吉林省：蛟河、舒兰、吉林、桦甸、敦化、永吉。

（2）通溪小片三十二个县市

吉林省：通化市、通化县、柳河、梅河口、白山、靖宇、安图、抚松、集安、长白、临江、江源；

辽宁省：沈阳、西丰、开原、清原、新宾、法库、调兵山、抚顺市、抚顺县、本溪市、本溪满族自治县、辽中、辽阳市、辽阳县、灯塔、鞍山、海城、凤城、铁岭市、铁岭县。

（3）延吉小片六个县市

吉林省：延吉、龙井、图们、汪清、和龙、珲春。

2. 哈阜片

哈阜片共有六十七个县市，分布在黑龙江省、辽宁省、吉林省和内蒙古自治区东部。

（1）肇扶小片十八个县市

黑龙江省：哈尔滨、庆安、木兰、方正、延寿、宾县、巴彦、呼兰、阿城、五常、双城、肇源、肇州、肇东、安达；

吉林省：松原、扶余、前郭尔罗斯、大安。

（2）长锦小片四十八个县市旗

吉林省：长春、榆树、农安、德惠、九台、磐石、浑南、东丰、伊通、东辽、辽源、公主岭、双阳、四平、梨树、双辽、长岭、乾安、通榆、洮南、白城、镇赉；

辽宁省：阜新市、阜新县、锦州、昌图、康平、彰武、新民、黑山、台安、盘山、盘锦、大洼、北宁、义县、北票、凌海、葫芦岛、兴城、绥中、建昌；

内蒙古自治区：通辽、乌兰浩特、阿尔山、突泉、扎责特旗、科尔沁右翼前旗。

3. 黑松片

其中的嫩克小片和佳富小片共有六十五个县市旗，主要分布在黑龙江省以及内蒙古自治区的部分地区。黑松片的站话小片零散分布于十一个县市。这十一个县市主要是黑松片的嫩克小片方言。

(1) 嫩克小片四十三个县市

黑龙江省：嫩江、黑河、讷河、富裕、林甸、甘南、龙江、泰来、杜尔伯特、大庆、绥棱、铁力、五大连池、北安、克山、克东、依安、拜泉、明水、青冈、望奎、海伦、通河、塔河、漠河、呼玛、孙昊、逊克、嘉荫、绥化、兰西、齐齐哈尔；

内蒙古自治区：满洲里、呼伦贝尔、扎兰屯、牙克石、陈巴尔虎旗、鄂温克族自治旗、莫利达瓦达斡尔族自治旗、阿荣旗、鄂伦春自治旗、根河、额尔古纳。

(2) 佳富小片二十二个县市

黑龙江省：伊春、鹤岗、汤原、佳木斯、依兰、萝北、绥滨、同江、抚远、富锦、饶河、宝清、集贤、双鸭山、桦川、桦南、勃利、七台河、密山、林口、牡丹江、友谊。

(3) 站话小片

零散分布于黑龙江省西部的肇源、肇州、林甸、齐齐哈尔、富裕、讷河、塔河、嫩江、呼玛、黑河、漠河等十一个县市的部分地区。

(二) 胶辽官话

分布在山东境内的胶辽官话，有三十个县市，分布在辽宁境内的胶辽官话有十四个县市，共有四十四个县市。根据方言的内部差别，可以分为青州、登州和盖桓三片。

1. 青州片十六县市

山东省：青岛、潍坊、胶县、益都、临朐、沂水、五莲、胶南、诸城、安丘、昌邑、高密、崂山、平度、掖县、即墨。

2. 登州片二十二个县市

山东省：荣成、文登、威海市、牟平、乳山、烟台市、海阳、长岛、蓬莱、黄县、栖霞、招远、莱阳、莱西。

辽宁省：长海、新金、庄河、金县、丹东市、大连市、复县、东沟。

3. 盖桓片六个县市

辽宁省：盖县、桓仁、营口市、营口县、岫岩、宽甸。

第四节　东北方言的文化底蕴

一方水土养一方人，不同的民族、不同的地理位置、不同的气候条件、不同的地域特色，会形成不同的人文景观，自然会产生与之相随的民族文化。下面我们从不同的文化形态角度分别介绍东北方言中蕴含的民族文化。

一、人文性格

东北地处中国最北的区域，冬季严寒而漫长，气候恶劣。相比其他地区，大漠莽林、大风大雪、大江大河、大山大林、大群野兽是"东北板块"的独特形态。这里独特的自然环境，不仅影响了东北人的生活方式，也塑造了东北文化的整体特点，包括东北独特的文化气质。独特的地域环境造就了东北方言的粗犷豪迈和东北人的乐观自信。

东北方言的豪迈与东北人性格的豪气有关。例如普通话的"怎么办"东北人说成"咋整",而且与"整"搭配的对象极其广泛,如"整事、整明白、整点饭、整点吃的"等。东北人语言操作的力度比较大,如北京话里的"侃大山",山东话里的"拉呱",到东北人这里就变成了"瞎白乎（xiābáihu）"。普通话里的"很多、极多"到了东北人这里就是"老鼻子了"。东北人说话大嗓门,直截了当,如把"干啥"说成"gàhá",把"上哪儿去"说成"上哪疙瘩去",表示认可就"嗯那"一声等。

东北方言中有很多体现出东北人辛勤劳作、乐观进取、不畏困难的人生观。如牧羊时说"一只也是赶,两只也是放",打猎时说"舍不得孩子套不着狼",面对挑战时说"没有弯弯肚子不敢吃镰刀头""没有金刚钻不揽瓷器活""没有过不去的火焰山"等。

东北方言根植于民间,来源于日常生活,充满浓厚的乡土气息,从而使一些习惯用语非常生动形象、夸张惊人、俏皮幽默。例如"五迷三道"意思是"迷迷糊糊",把悲伤哭泣说成"抹眼掉泪、掉金豆子、挤猫尿"等,说得轻松俏皮。

二、饮食文化

东北的饮食文化带有多元民族特征,其中包括很多特色食品。广为人知的有满族的"萨其马""豌豆黄""白肉血肠",朝鲜族的"冷面""打糕",但平时常见的是"饽饽"。在东北农村,春天吃"豆面饽饽"，又称"豆面卷子"；夏天吃"哼罗叶饽饽"（用柞树叶包裹）；秋冬时节吃"黏豆包"。在东北农村，这些食品大多数人都会做。此外还有"苏子叶饽饽"，因其形像耗子，又叫"苏耗子"。做这些"饽饽"本是满族的风俗。满族人喜欢吃黏食，因为黏食禁饿，便于人们外出打猎。另外，"黏饽饽"还是他们祭祀的食品。

三、服饰文化

东北人的服饰文化与各民族的生活习性有关，例如东北特有的一种鞋——"靰鞡鞋"（也叫"乌拉鞋"）——是满族人发明的，一般用牛皮或鹿皮缝制，帮与底为一整块皮子，鞋脸带褶并有穿鞋带的耳子，鞋里要絮靰鞡草，因此得名。东北还有一句因此产生的歇后语"靰鞡头子迈门槛——先进者儿"。"者儿"与"褶儿"谐音，以靰鞡鞋头部褶多为缘由。整个东北地区都有这种"靰鞡鞋"的样式，体现了简洁实用的美感。由于传统的狩猎生活影响，东北少数民族的服饰最多的是用兽皮加工制成的，如萨满袍、赫哲人的鱼皮鞋和衣服等。

四、建筑文化

东北的建筑文化是与东北的严寒特点紧密相关的。东北有一句俗语"口袋房，万字炕，烟囱出在地面上"，说的就是满族的传统居室。为了抵御严寒，房子坐北朝南，大多东边开门，形如口袋，便于取暖。屋内南、北、西三面有火炕称为"万字炕"。现在的建筑对传统格局有继承也有改善。"地窖子"最早是赫哲族人的原始居所，赫哲语是"胡日布"，主要在冬季寒冷时居住。现在一般指室内地面低于室外的低矮简陋的小房子，门窗一般设在阳面，屋内有的搭铺，有的搭炕，现多作为渔猎时的临时住房。东北还有一种称为"马架子"的简陋住所，以树木支撑，上铺树枝，抹上草泥，室内只有低矮的地铺，就地生火取暖，外呈马鞍形，旧名为"马架子"，多为看护瓜菜时的临时住所，也叫"窝棚"。

五、用具文化

东北地区的用具很有特点，其中之一是"悠车儿"，也叫"悠车子"。它是悬在半空中可以悠荡的摇篮，是满、鄂伦春、达斡尔等民族的传统育儿工具，在东北汉族农村地区也比较流行。摇篮的四壁有彩绘，有的在悠车的绳上系着铃铛和玩具，这也是东北的"三大怪"（"旧十怪"）之一"养活孩子吊起来"。"爬犁"（雪橇）是东北林海雪原中重要的交通工具，有牛爬犁、马爬犁等，其中最著名的是赫哲人的狗爬犁，赫哲人称之为"金不换"。现在东北地区的一些地方还可以看到狗爬犁，不过大部分已经成为旅游景点的特色项目了。

另外，东北的山水、城市、动植物等以少数民族语言命名的也有很多。例如"乌苏里江"，"乌苏里"是满语"天王"之意，意即"顺流而下"；"佳木斯"是赫哲语，意为"尸体"，相传这里为古代的墓地，在佳木斯东郊曾发现过金元时期的墓群；"高丽参、高丽果儿"，高丽是朝鲜历史上的一个王朝，现在多用于指朝鲜或朝鲜的物产。

第二章　东北方言本体概貌

第一节　东北方言语音

"东北话"就是普通话的看法，不仅很多外国人有，就是很多方言区的人如果不是进行语言研究的，也认为普通话和东北话很相像。学界也认为，东北话和普通话之间的确有非常密切的关系。东北话和普通话之间究竟是什么样的关系，目前也是学界在研究的一个问题。相对于其他方言，东北话的语音系统与普通话之间的差异确实要小，但是不等于没有差异。就整个东北方言来讲，其语音系统中也有 21 个辅音声母，39 个韵母，4 个声调。但是在语音的具体调配方面，东北话与普通话之间还是有一定差异。这种差异表现在声母、韵母和声调方面，尤其是声调方面的差异要更大些。

一、东北话与普通话声、韵、调的比较

（一）东北话与普通话声母的比较

东北话作为一种方言，其声母的运用也存在一些特征，主要

表现在部分零声母音节的缺失、辅音声母改换、改换韵头、改换主要元音、舌尖前后不区分等方面。

　　普通话中很多韵母是可以自成音节的，如 ā（啊）、āi（哀）、ān（安）、āo（凹）、áng（昂）等，没有声母，就可以成为一个独立的音节，这样的音节统称为零声母音节。但普通话以 a、o、e 开头的零声母音节在东北方言的某些次方言中，如黑龙江、辽宁的某些地区，常常要加上声母 n，如：

哀 āi-nāi	埃 āi-nāi	捱 āi-nāi	挨 āi-nāi
蔼 ǎi-nǎi	矮 ǎi-nǎi	碍 ài-nài	爱 ài-nài
艾 ài-nài	隘 ài-nài	安 ān-nān	鞍 ān-nān
庵 ān-nān	揞 ǎn-nǎn	暗 àn-nàn	埯 ǎn-nǎn
按 àn-nàn	岸 àn-nàn	案 àn-nàn	昂 áng-náng
趟 āo-nāo	熬 áo-náo	鳌 áo-náo	袄 ǎo-nǎo
蛾 é-né	鹅 é-né	额 é-né	俄 é-né
讹 é-né	饿 è-nè	恶 è-nè	扼 è-nè
鄂 è-nè	我 ǒ-ně	恩 ēn-nēn	欧 ōu-nōu
殴 ōu-nōu	藕 ǒu-nǒu	偶 ǒu-nǒu	偶 ǒu-nǒu

棉袄—mián′ǎo　（普通话）◄──► miánnǎo　（东北话）

昂扬—ángyáng　（普通话）◄──► nángyáng（东北话）

热爱—rèài　　（普通话）◄──► rè′nài　（东北话）

恶人—èrén　　（普通话）◄──► nèrén　（东北话）

欧式—ōushì　　（普通话）◄──► nōushì　（东北话）

怄气—òuqì　　（普通话）◄──► nòuqì　（东北话）

普通话中的 r 声母音节在东北部分地区也会发生变化，即 r 声母通常读成 l 声母或零声母化，如：

吵嚷—chǎorǎng　（普通话）◀━▶ chǎoyǎng（东北话）

闷热—mènrè　　（普通话）◀━▶ mènyè　　（东北话）

扔掉—rēngdiào　（普通话）◀━▶ lēngdiào　（东北话）

花蕊—huāruǐ　　（普通话）◀━▶ huāluǐ　　（东北话）

东北话中改换声母，同时介音或主要元音也可能发生变化，如：

人事—rénshì　　（普通话）◀━▶ yínshì　　（东北话）

普通话中的塞音和塞擦音声母有"送气"和"不送气"之分。东北方言在这一点上与普通话是一致的。但是在具体的音节中往往发生变化，主要表现为 b-p，d-t，j-q 等的混淆，如：

湖泊—húpō　　（普通话）◀━▶ húbō　　（东北话）

活泼—huópō　　（普通话）◀━▶ huóbō　　（东北话）

哺育—bǔyù　　（普通话）◀━▶ pǔyù　　（东北话）

包庇—bāobì　　（普通话）◀━▶ bāopì　　（东北话）

蝴蝶—húdié　　（普通话）◀━▶ hútié　　（东北话）

馄饨—húntun　　（普通话）◀━▶ húndun　　（东北话）

畸形—jīxíng　　（普通话）◀━▶ qīxíng　　（东北话）

债券—zhàiquàn　（普通话）◀━▶ zhàijuàn　（东北话）

舌尖前音和舌尖后音不区分，即平翘舌不区分的现象在东北很多地区都比较常见。东北方言中，舌尖前音（平舌音）和舌尖后音（翘舌音）都有，而且单独发音都可以发得出来，但是落实到具体音节上就会发生不作区分的现象。平舌向翘舌改动或翘舌向平舌改动都没有规律可循，属于音位学中讲的自由变体情形。如"三十四"中的三个音节分别为"平舌－翘舌－平舌"，但在东北方言中可以随便变读。

（二）东北话与普通话韵母的比较

韵母包括介音、主要元音和韵尾三个部分。东北话的韵母与普通话相比，区别主要在于介音替代、主要元音改换和韵母整体替换三种情形。

东北话中存在用 ü 介音代替 u 介音的情形，如：

混乱—hùnluàn　（普通话）◄──► hùnlüàn　（东北话）

东北话中也有以 e 代 o 的情形。普通话的双唇音声母 b、p、m 和唇齿音声母 f 直接与圆唇音的单韵母 o 相拼，而不与单韵母 e 相拼。而东北方言却正好相反，常以 e 代 o，如：

广播—guǎngbō　（普通话）◄──► guǎngbē　（东北话）
破碎—pòsuì　（普通话）◄──► pèsuì　（东北话）
水波—shuǐbō　（普通话）◄──► shuǐbē　（东北话）
抚摩—fǔmó　（普通话）◄──► fǔmé　（东北话）

早期东北话中以 iao 代 üe 是比较常见的，如"好好学（xué）习"往往说成"好好学（xiáo）习"，"欢呼雀跃（yuè）"说成"欢呼雀跃（yào)"。不过这种情形大多在老年人中间比较常见，年轻人则很少这样讲了。

（三）东北话与普通话声调的比较

汉语中的声调主要体现在音高和音长的变化上，是音节的必有组成部分，具有辨别意义的作用，如"期中"和"其中"、"睡觉"和"水饺"等的不同主要依靠声调来区别。东北话的声调虽然在不同次方言区或方言点都还有各自的特征，但与普通话相比，整体上主要表现为调值不到位和部分字调不一致等方面。

东北话调值不到位主要表现在这样几个方面。普通话的阴平调是"55"调值，东北话一般是"44"或"33"；普通话的阳平调是"35"调值，东北话一般是"13"或"24"；普通话的上声调是"214"调值，东北话一般为"213"；普通话的去声调是"51"调值，东北话一般为"53"或"52"。

东北话与普通话字调不一致的地方很多，事实上还看不到系统的规律性。下面列出一些常见的情形：

普通话　　　　东北话
胚（pēi）胎　　胚（péi）胎
插（chā）座　　插（chǎ）座
气氛（fēn）　　气氛（fèn）

填（tián）空　　　填（tiān）空

仍（réng）然　　　仍（rěng）然

乘（chéng）车　　　乘（chèng）车

针灸（jiǔ）　　　针灸（jiū）

享（xiǎng）受　　　享（xiáng）受

颈（jǐng）椎　　　颈（jìng）椎

内疚（jiù）　　　内疚（jiū）

浙（zhè）江　　　浙（zhé）江

质（zhì）量　　　质（zhǐ）量

二、东北话中的轻声和儿化

一般认为，北京话中的轻声数量比较大，而且有些轻声还有区别词性、区分词义等功能。事实上，东北话中轻声现象也普遍存在。从本质上讲，东北方言中的轻声与普通话的轻声没有区别，但在构词、表意等方面与普通话存在一定的差异。总体上看，东北话中轻声的使用频率比较高，如：

熬扯　巴巴　扒扯　瓣扯　白愣　白话　板实　帮衬　棒槌
背兴　本当　编排　别介　别愣　宾服　磕拉　岔劈　缠巴　扯拉
抽巴　揣估　串拢　闯楞　戳咕　呲嗒　瓷实　凑付　凑乎　粗实
脆快　撮咕　答略　搭咕　打扫　大扯　大发　当是　刀螂　倒蹬
倒动　得意　提溜　掂对　垫补　抖搂　堆随　对付　多咱　肥实
富态　嘎悠　生古　干爽　干松　敢情　圪挠　胳肌　胳肢　个人

鼓捣　鼓秋　逛游　逛荡　规整　鬼道　豪横　黑价　横是　红火
忽悠

　　上面只是我们随意列举出来的很小部分词汇，这些词的后一个音
节都要求读轻声。

　　东北方言中的儿化现象也非常多，如：

　　半腰儿　帮虎吃食儿　傍晌儿　薄扇儿的　背兜儿　背旮旯儿
蹦蹦儿　锛子儿　鬏儿喽　边儿拉　擽劲儿　波棱盖儿　脖溜儿
不离儿　不错眼珠儿　不打奔儿　不大离儿　不得劲儿　不丁点儿
不懂嘎儿　不断溜儿　不断捻儿　不对劲儿　不妨事儿　不服劲儿
不跟脚儿　不紧不离儿　不开面儿　不落体儿　不让份儿　不上溜
儿　不识闲儿　不吐口儿　不消闲儿　不许乎儿　不一点儿　不一
丁点儿　不着边儿　扯闲白儿　扯闲嗑儿　吃不住劲儿　吃瓜落儿
抽抽儿　臭球儿　出彩儿　出花儿　出溜儿　出说儿　凑合事儿
凑整儿　打横儿　打呼噜语儿　打滑刺溜儿　打零杂儿　打磨磨儿
打蔫儿　打起根儿　打人儿　打挺儿　打一小儿　大喷儿　大荒儿
大面儿上　大钱儿　当事儿　当腰儿　当院儿

东北方言中的儿化，作用与普通话基本相同。东北方言中儿化
在区别不同词语方面也有很重要的作用。如"蹦蹦"是动词的
重叠式，"蹦蹦儿"是名词，一种车的称谓。"打人"是述宾短
语，是一种动作行为，"打人儿"是形容词，有引人注意的
意思。

28

第二节　东北方言词汇

　　普通话以北方方言词汇为基础，东北方言是北方方言的重要组成部分。一方面，东北方言的某些词汇已经进入普通话词汇；另一方面，受普通话的影响，东北方言中也大量吸收和使用普通话的词汇。同时，东北方言中还保留了一些该地区的特有词汇。这些词汇或者与东北的历史、地理、民俗、文化心态相关联，或者与其来源相联系，反映着东北话词汇的特异性。下面有选择地介绍一些比较有特点的东北方言词汇。

一、反映东北人生活情状的词语

　　仓子　地窖子　马架　马架子　撮落子　茅楼儿　房箔
笆篱子　炕梢儿　炕头儿　出满月　揣（怀孕）　落草儿　猫屋
猫炕　猫月子　猫下　藏猫猫　打滑刺溜　撸锄杠子　蹲风眼
卖大炕　抿怀儿

　　上面的"仓子、地窖子、马架、马架子、撮落子"都是与建筑、居所相关的词语，其中"仓子、马架、马架子、撮落子"都是小窝棚，"地窖子"是地洞。"茅楼儿"是厕所，一般都是建在住房之外的某个地方。"房箔"是用苇子、秫秸、枝条或窄木板等做成的房子的顶棚，上面附泥后再覆盖瓦片。"笆篱子"指监

29

狱。"出满月、揣、落草儿、猫屋、猫炕、猫月子、猫下"都与生育相关，其中"出满月"是指孩子出生后满一个月，在东北这个日子一般是要有庆祝仪式的。"揣"即"怀孕"之意。"落草儿"指婴儿降生，"猫屋、猫炕、猫月子、猫下"都指妇女生孩子，按照原来东北的风俗，妇女生孩子后固定的时间内不能出门。"藏猫猫、打滑刺溜"是东北常见的游戏形式，其中"藏猫猫"是捉迷藏；"打滑刺溜"是在冰面上滑行。"撸锄杠子"是指在田间劳作，东北用锄头耪地叫"撸锄杠子"，也指相关的一些劳动行为。"蹲风眼"是"蹲拘留所"，"卖大炕"是"卖淫"，"抿怀儿"是用手将上衣合紧但不系扣。

二、表示时间空间的词语

半晌　傍黑（儿）　傍亮（儿）　傍晌儿　擦黑儿　才刚儿
程子　春脖子　春起　春头子　多晚儿　多咱　赶后儿　管多
管多晚儿　管多咱　过晌儿　黑等半夜　黑家　黑家晚儿　后晌
儿　后尾儿　今儿　今儿个　落黑儿　临末了儿　临了儿　临完
半腰　半当腰　当巴腰儿　当间儿　当央儿　浮上儿　浮头儿
旮旮旯旯儿　旮旯儿　犄角旮旯儿

上面的"半晌、傍黑（儿）、傍亮（儿）、傍晌儿、擦黑儿、才刚儿、程子、春脖子、春起、春头子、多晚儿、多咱、赶后儿、管多、管多晚儿、管多咱、过晌儿、黑等半夜、黑家、黑家晚儿、后晌儿、后尾儿、今儿、今儿个、落黑儿、临末了儿、临

了儿、临完"都是表示时间的词语,大部分都跟"晌、晚、黑"相关,"晌"指中午,"晚、黑"指晚上或傍晚,由此加上相应的成分构成表示时间的词。大多透过构成成分就能理解词语的基本意义,如"傍亮儿"中"傍"为靠近、接近之意,"亮"指天亮的时间,"傍亮儿"就是天快亮的时候。上面"半腰、半当腰、当巴腰儿、当间儿、当央儿、浮上儿、浮头儿、旮旮旯旯儿、旮旯儿、犄角旮旯儿"都是表示空间的词语。"半腰、半当腰、当巴腰儿"是指垂直观察时中间的部分,"当间儿、当央儿"一般指平面观察时中间的部分,"浮上儿、浮头儿"是指表层,"旮旮旯旯儿、旮旯儿、犄角旮旯儿"指偏僻的角落。

三、标记身体部位的词语

东北方言中还有一些表示身体特定部位的词语,与普通话差异较大,如:

髎儿喽　髎儿喽头　髎儿头　波棱盖儿　大拇哥儿　肚囊子
耳台子　耳丫子　胳棱瓣儿　后脊梁　后脑勺儿　脊梁骨　肩膀
头　脚脖子　脚孤拐　脚片儿　脚丫子　脚趾盖儿　卡巴裆　胯
骨轴儿　肋叉子

"髎儿喽、髎儿喽头、髎儿头"都指前额,"波棱盖儿、胳棱瓣儿"都指膝盖,"大拇哥儿"是拇指,也称大拇指,因为东北话中"食指"也称"二拇哥"。东北地区有一首童谣《数数歌》就跟这个相关:

大拇指，二拇哥，三拇指，四拇哥，老五最小心眼多，

你打好酒我来喝，我醉了，你睡了，呼噜呼噜尿炕了。

"耳台子"是耳根，"耳丫子"就是耳朵。"后脊梁"是指后背，"脊梁骨"除了指脊椎骨外，也有"后背"的意思。"脚脖子"是脚踝，"脚孤拐"指大趾和脚掌相连向外突出的地方。"脚片儿、脚丫子"都指"脚"，但含有"脚大"的意思。"脚趾盖儿"就是"脚趾甲"。"卡巴裆"是指裤裆，有"胯下"之意。"肋叉子"是胸部两侧肋骨的下面。东北方言中关于身体部位的词语基本上由词语本身大致能够猜出词语的意思，但是有一些词语的读音可能不同的地区会有一定的差异，如"卡巴裆"就有"kǎbadāng""kàbadāng"两说，也说"卡步裆"（kàbudāng）。

四、表示生产生活用具的词语

生产生活的用具，有些是东北地区特有的，有些是普遍都使用的，但在东北方言中往往有特殊的叫法，如：

棒子　冰穿　电棒儿　掸瓶　电匣子　匣子　戏匣子　风匣
盖帘儿　广锹　果匣子　马勺　马勺子　背兜儿　被垛　麻花被
胯兜儿　臭球儿　电驴子　带车子　倒骑驴　驴吉普　花拉棒
花梨棒儿　火铲儿　火盆　家把什　炕琴

"棒子"是指"瓶子"，也称"洋棒子"。"冰穿"是一种带有十字形木柄，装着铁尖儿的破冰工具。"电棒儿"是手电筒。"掸瓶"

一般都是颈部细长、腹部圆大的瓷瓶。原来东北人在削好的木棍或竹棍的一端用糨糊把鸡毛逐圈粘贴固定，用于打扫家具上的尘土，这个工具叫"掸子"，一般也称为"鸡毛掸子"。装掸子的瓶子就称为掸瓶。"电匣子、匣子、戏匣子"都指收音机。"风匣"就是风箱，是用于鼓风的工具。"盖帘儿"一般是用线将高粱秆以横纵相交的方式穿成的用具，一般用于放置食品或覆盖缸口或锅口。"广锹"就是铁锹。"果匣子"是装点心的盒子。东北人把糕点一般称为"果子"，装"果子"的容器称为"果匣子"，一般都是用较硬的薄纸板制成的。"马勺、马勺子"是炒菜的大勺，也称"大广勺"。"背兜儿"是背包。"被垛"是把被子按一定方式叠好并堆放在一起，一般直接放在炕头、炕梢或者放在炕琴上。"臭球儿"就是樟脑球，因其特有的味道而直接称为"臭球儿"。"电驴子"是摩托车。"带车子"是手推车，也叫"带子车"。"倒骑驴"是车身在前的三轮自行车，现在在东北地区还很常见，多用于短途运送货物。"驴吉普"是一种类似农村大车的小型两轮车，由毛驴拉着，很轻便。"花拉棒、花梨棒儿"是拨浪鼓，也叫"哗啦棒"，应是摹拟拨浪鼓摇动发出的声音的拟声词。"火铲儿"是烧火时用于铲燃料或灰土的工具，也称"火锨、掏火锨"。"火盆"是用于装未燃尽的木头（东北一般称为"火炭"）的容器，一般用泥烧制而成。在东北农村冬季把火盆装上火炭放在室内用于取暖。"家把什"是用具、器物的统称。"炕琴"是放在炕上的用于装放衣物、被子的长形柜，一般放在炕梢儿。

五、表示服饰的词语

包包鞋 靰鞡鞋 成衣铺 大布衫子 带大襟儿 褂子 汗褟儿 耳钳子 金钳子 金镏子 镏子 疙瘩鬏儿 呱嗒板儿

"包包鞋"是女孩出嫁前做好的用包袱包起来的鞋。"成衣铺"是服装加工店。"大布衫子"是长而肥的布衫，也读为"dàbùshǎnzi"。"带大襟儿"是在身体一侧开口的上衣，一般衣襟比较大。"褂子"就是上衣，"汗褟儿"是夏天贴身穿的中式小褂。"耳钳子、金钳子、金镏子、镏子"都是饰品，其中"耳钳子"是耳环，"金钳子"是金耳环；"镏子"是戒指，"金镏子"是金戒指。"疙瘩鬏儿"是头发在脑后盘成的结，也叫"疙瘩纂儿"。"呱嗒板儿"是木制的拖鞋。

六、表示植物（农作物）的词语

苞米 车轱辘菜 大头菜 地豆儿 地瓜 地瓜花 疙瘩白 灰菜 圪针 狗尿苔 狗尾巴草 菇蘘儿 谷穄子 猴腿儿 后老婆针 老鸹眼 老来变 老母猪蹄脚儿 猫耳朵菜 猫爪子 癞瓜

"车轱辘菜"是车前草，"大头菜、疙瘩白"是结球甘蓝，"地豆儿"是马铃薯，"地瓜"是甘薯。"灰菜、猴腿儿、后老婆针、老鸹眼、猫耳朵菜、猫爪子"都是指某种野菜。"老母猪蹄脚儿"是指一种矮颗品种的高粱。"地瓜花、老来变"都是花的名称。"圪针"是一种多年生木本植物,枝梗上带刺,其果实可以食用,俗称"酸枣"。"狗尿苔"是一种有毒的蘑菇。"狗尾巴草"是一种草的名字,也叫"莠子"或"毛莠子"。"菇蘵儿"是一年生草本植物,其果实可以入药和食用,它的果实也称为"菇蘵儿"。"谷瘪子"是结得很不饱满的谷粒。"癞瓜"是指苦瓜。

七、表示动物的词语

长脖老等儿 臭鸹鸪 老抱子 家雀儿 老鸦 刀螂 狗蹦子 老蟑 蚂螂 扁担勾 蛤蟆骨朵 马蛇子 狗驼子 黑瞎子 黄皮子 豆鼠子 牤子 老克畜 耗子 壳郎

"长脖老等儿、臭鸹鸪、老抱子、家雀儿、老鸦"都是鸟名。"长脖老等儿"是腿和脖子都比较长的一种鸟,学名"苍鹭","臭鸹鸪"是布谷鸟,"老抱子"是孵过小鸡的老母鸡,"家雀儿"是麻雀,"老鸦"是乌鸦。"刀螂、狗蹦子、老蟑、蚂螂、扁担勾、蛤蟆骨朵、马蛇子"包括昆虫和小型动物,"刀螂"是螳螂,"狗蹦子"是跳蚤,"老蟑"是蟑螂,"蚂螂"是蜻蜓,"扁担勾"是身子比较长的蝗虫,"蛤蟆骨朵"是蝌蚪,"马蛇子"是蜥蜴。"狗驼子、黑瞎子、黄皮子、豆鼠子、牤子、老克畜、耗子、壳郎"都是动物,"狗驼子、黑瞎子"是黑熊,"黄皮子"是黄鼠狼,"豆鼠子"是田鼠,"牤子"是公牛,"老克畜"是老母猪,"耗子"是老鼠,"壳郎"是指半大的公猪。

八、表示人及人的情态的词语

彪子　病秧子　菜货　车把儿　车伙　车老板儿　车老板子
催命鬼儿　打头的　大肚子汉　大姑姐儿　大眼儿灯　带葫芦子
地痞子　丁香儿的　二八月庄稼人　二把刀　二百五　二半潮子
二不愣　二潮扣　二杆子　二混屁　二混子　二赖子　二五子
二椅子　废物点心　生杂子　高草　高丽棒子　弓肩子　公母俩
躺儿巴　猴七儿　后老儿　胡子　虎蛋　花舌子　花子对儿　混
球儿　豁牙子　家姑佬儿　尖子　贱皮子　犟巴头　犟眼子　街
溜子　绝户气　绝户头　绝户头子　倔巴头　磕巴　磕头的　哭
巴精　浪荡帮子　老辈子　老倒儿　老疙瘩　老客　老蒯　老扛
老蔫儿　姥娘　老娘　老娘们儿　老娘婆　老呔儿　老爷们儿
老爷子　落道帮子　愣头青　连桥儿　马子　毛贼　妹子　奶奶
婆婆　能巴精　一担挑儿

　　表示某一类人或人的某种情态的词语在东北话中有很多，有一部分通过构词成分可以推测出词语的基本意义，有一些如果不是刻意学习就不好理解。"带葫芦子"是指女人与前夫所生的子女；"丁香儿的"是指巫师；"高草"是指难以对付的人；"猴七儿"是说人像猴子一样爱动，哪有事哪到；"后老儿"是指后爹；"胡子、花子对儿"都指土匪；"花舌子"是指能说会道、花言巧语的人；"家姑佬儿"是指没有出嫁的老姑娘；"尖子"指心眼多的人；"街溜子"是游手好闲的人，读为"gāiliūzi"；"绝户气、绝户头、绝户头子"是指无儿无女或无儿无女的人;"哭巴精"指爱哭的孩子;"老倒儿"是城里人对农村人的蔑称;"老客"指以经商为职业的人;"老䐔、老扣"是指老伴儿;"姥娘、老娘"是外祖母;"老娘婆"是接生婆;"老呔儿"用于称山东人或有这个地方口音的人;"连桥儿、一担挑儿"是连襟的意思;"马子"是女流氓;"奶奶婆婆"是丈夫的奶奶,也称"奶奶婆";"能巴精"是指老是哭哭啼啼的孩子。

九、表示气候地理等的词语

冰溜子 冰坨子 大雪泡天 大烟泡 米糁子 棉花套雪
雪窝子 冰锥子 冰车子 冰窟窿 雪橇 雪爬犁 狗爬犁 冰
灯 冰穿

东北地区的气候特点是冬季漫长、寒冷、干燥、北风刺骨,冰冻时间长,因此在东北也形成了一些能够反映这个区域气候特征的词语。"冰溜子"是房上积雪融化后在房檐处因温度低而形成的倒挂在屋檐上的冰柱子。"冰坨子"是很重的冰块。"大雪泡天"是下大雪的天气,"大烟泡"指大风,"米糁子"是如小米大小的雪粒,"棉花套雪"多读为"miáohuatàoxuě",是多片雪花黏结在一起形成的像棉絮一样的雪。"雪窝子"也读"xuěwòzi",是降雪受风吹而在地面上形成的有坑状的积雪堆。"冰锥子、冰车子"是冬季东北孩子冰上滑行的一种工具,"冰锥子"多是在木柄上装上带尖的金属钎子做成,"冰车子"一般是在装订好的小木车下面安装两根金属条，人坐或骑在冰车上然后用冰锥子触冰使其前行。"冰窟窿"是在冰面上用工具打出的洞，"冰灯"是用冰雕出来各种造型，里面可以放置灯火。"雪橇、狗爬犁"是东北雪上或冰上的交通运输工具。

十、表示食物的词语

饽饽　补面　槽子糕　馇子　刺嫩芽子　大饼子　锅出溜儿糊米茶　花生豆儿　嚼谷　嚼果　嗑籽儿　毛嗑儿　焖子　面起子

东北地区有一些食品或者是食品的名称原是独有的，但是目前基本大家都比较熟悉了。这里只是列出一些比较有特点的。"饽饽"是东北平时和节日的主要食品，一般是用黏米做成，有豆面饽饽、苏叶饽饽和黏糕饽饽等。豆面饽饽是用大黄米、小黄米磨成细面，再加进豆面蒸制而成；苏叶饽饽是用黏高粱面和小豆的豆泥混合拌匀，外面用苏叶包起来蒸熟而成；黏糕饽饽是用大黄米浸泡之后磨成面，在黄米面中间包上一些豆泥蒸熟而成。"补面"是制作面食时用的干面粉，也称"薄面、饽面"。"槽子糕"是流行于东北的传统糕点，由于是用槽形模具成型烘制，所以称作"槽子糕"。"馇子"是指玉米碾成的碎粒，也指用它制成的食品，也称"苞米馇子"。"刺嫩芽子"又称"刺芽、刺老芽、刺老鸦、刺楞芽子"，可以生食、炒食、酱食、做汤、做馅，或加工成不同风味的小咸菜，味美香甜，清嫩醇厚，野味浓郁，是著名的上等山野菜，被誉为"山野菜之王"。

"大饼子"是用玉米面贴在锅的周围烙成的饼子。"锅出溜儿"是一种类似饼子的面食，制作时把面和稀，放在锅里烙。"糊米茶"是炒焦的高粱米泡的水。"花生豆儿"是花生米。"嚼谷、嚼果"都是泛指好吃的食物。"嗑籽儿、毛嗑儿"都是指向日葵的种子，作为食品时就这样称呼。"焖子"是东北地区特色小吃，现在在山东、河北、河南等地都有，不同地方，焖子的做法有差异。烟台、大连焖子用地瓜淀粉作为原料，河北行唐、定州焖子用精瘦猪肉和山药粉面灌制而成，河南禹州焖子用特殊红薯制作成半成品粉条压制而成，丹东焖子的原料是淀粉。"面起子"就是苏打粉，常用作食品制作过程中的膨松剂。

十一、东北方言中的俗谚

各地方言中都有一定数量的俗语、谚语，反映着这个地区不同方面的特征。东北话当然也不例外，也有一些俗谚蕴含着这里不同方面的文明和文化。

（一）与东北气候有关的俗谚

三九天穿裙子——美丽动人

冬天不戴帽子——动脑筋

你这个人是腊月生人——喜欢动手动脚

吃雪团打哈哈——满口冷笑

野鸡扎雪堆——顾头不顾尾

下雨天打孩子——闲着也闲着

开河的蛤蟆——没油水

八月的天气——一会儿晴，一会儿雨

三月扇扇子——春风满面

头伏萝卜二伏菜，三伏还能种荞麦。

一九二九不出手，三九四九冰上走，五九六九沿河看柳，七九河开八九雁来，九九加一九，耕牛遍地走。

东北地区四季分明，尤其冬季气候寒冷。在长期的生产生活中，劳动人民创造了一些与气候有关的俗语、谚语、歇后语。"三九天穿裙子——美丽动人，冬天不戴帽子——动脑筋，你这个人是腊月生人——喜欢动手动脚"都是谐音歇后语，"动"是"冻"的谐音。"吃雪团打哈哈——满口冷笑，野鸡扎雪堆——顾头不顾尾，下雨天打孩子——闲着也闲着"是间接地反映东北地区的气候特征，是人们在长期的生产生活中创造出来的。东北冬季的雪天，人们有出去逐猎的习惯，就是雪后人们到山野里追逐捕获动物。野鸡被追得筋疲力尽后会扎进雪堆中躲避，但往往因为其尾巴较长而被发现，故有"顾头不顾尾"一说。东北雨天一般是东北人赋闲的日子，无法外出劳作，在这样的天气中打孩子，故而出现"闲着也闲着"的说法，其实也不一定真的打孩子。经过寒冬，河流开始解冻，这时青蛙开始活动，表明的也是季节特征。《九九歌》可能除了东北，其他地区也有。东北地域的《九九歌》是应着节气来的，也反映了当地的气候特点。

（二）与东北饮食相关的俗谚

窝窝头翻个儿——现大眼儿

土豆搬家——滚球子

大拇指蘸酱——自己吃自己

骑毛驴吃豆包——乐颠馅儿

小鬼子吃高粱米——实在没法子啦

卖了孩子买笼屉——不蒸馒头争口气

庄稼佬不认锅烙——硬觉着不错

窝窝头掉地上踩一脚——不是个好饼

喝酱油放屁——闲的呀

傻子喝酒——锦州

老太太喝粥——锦西（现辽宁省葫芦岛市）

老太太靠墙喝稀粥——卑鄙无耻下流

王八啃西瓜——滚的滚爬的爬

喝酱油耍酒疯——闲的

核桃皮熬汤——全是坏水

铲子切菜——不地道

苣荬菜熬鲶鱼——苦了大嘴了

过年吃豆腐渣——心里没啥

吃苣荬菜拿接碟——摆谱

地瓜去皮——啥也不是

十坛醋泡一根黄瓜——你就可劲儿酸吧

烟袋锅炒爆米花——直蹦（有话直说）

快刀切豆腐——两面光

猪八戒啃猪蹄儿——不知自觉

武大郎卖豆腐——人熊货也囊

小葱拌豆腐——一清二白

茶壶煮饺子——有嘴倒不出来/心里有数

土地佬喝烟灰——有那口神累（瘾）

吃柳条拉筐子——肚子里编

凉水沏茶——硬充

擀面杖吹火——一窍不通

豁牙子啃西瓜——道道多

凉锅贴饼子——溜了

连鬓胡子吃炒面——里挑外撅

马尾穿豆腐——提不起来

饺子破皮——露馅了

王八吃秤砣——铁心了

卤水点豆腐——一物降一物

当然，由于构造歇后语的需要，与饮食相关并不等于纯粹就是饮食类的歇后语。从这一类型的歇后语来看，主要取材于东北地区常见的食品，如"窝窝头、酱、豆包、高粱米、馒头、锅烙、土豆、粥、苣荬菜、鲶鱼、豆腐渣、地瓜、黄瓜、爆米花、豆腐、猪蹄儿、小葱、饺子、炒面、饼子"等。当然也有一些歇后语没有出现典型的食品，但是有相关的制作食品的工具，如

"笼屉、接碟、快刀、茶壶、擀面杖、凉锅"等。窝窝头一般是玉米面做的，圆锥形，底部有一个向里面凹进去的口，故得名"窝窝头"。窝窝头在蒸制时凹口朝下，故有"窝窝头翻个儿——现大眼"一说。"小鬼子吃高粱米——实在没法子啦"是有典故的。"没法"是"没伐"的谐音，"没伐"就是没有加工的。伪满期间，日本人只吃大米，不吃高粱米。1945年日本投降后，在东北的日本人没有大米吃，也吃高粱米饭，到后来没伐的高粱也吃了，于是就出现了如上的歇后语。"锅烙"是东北小吃，尤其是东北东部地区盛行。锅烙形状与饺子相同，但比饺子略大。制作锅烙一般是先在锅中加少许油，抹匀，油热后放入包好的锅烙，大火加热，待底部煎至微黄后加少许水，转小火，待熟后食用。因为锅烙是煎制的，所以边缘一般较硬，"庄稼佬不认锅烙——硬觉着不错"，这个歇后语就语出于此。"觉着"东北话中一般读为"jiǎozhe/jiǎozi"，锅烙被看成是硬饺子，于是这个歇后语就产生了。苣荬菜，是菊科植物，又名荬菜、野苦菜、野苦荬、苦葛麻、苦荬菜、取麻菜、苣菜，味苦、性寒，所以"苣荬菜熬鲶鱼——苦了大嘴了"这个歇后语就产生了。苣荬菜在东北地区很常见，其食用方式也很简单，洗净蘸酱即可食用。"接碟"是进餐过程中用于接住饭菜的专用餐具，如果在吃苣荬菜的时候使用接碟，就显得不伦不类，故而吃苣荬菜拿接碟就当然是摆谱了。

（三）与动物有关的俗谚

东北地广人稀，各种动物就比较多，如"鹿、獐、狍、熊、虎、兔、雉鸡、山羊、野猪”等，在原来的东北都是比较常见的。有很多动物人们都非常熟悉其习性，在长期的生产生活中人们就利用动物的某些习性特征创造了大量的俗语、歇后语，当然也有一些是人们刻意创造出来的。

黑瞎子打立正——一手遮天

黑瞎子把门——熊到家了

黑瞎子推碾子——挨累还闹个熊

狗熊钻烟囱——太难过

耗子给猫当三陪——你挣钱不要命了

狗撵鸭子——呱呱叫

乌鸦落猪身上——只看到猪黑，没看到自己黑

猪鼻子插葱——装像

小王八屁股——新规定

王八屁股长疮——烂规定

老虎屁股——摸不得

小黄牛拉磨盘——没长劲儿

狗长犄角——整洋事儿

蚊子放屁——小气

癞蛤蟆掀门帘儿——露一小手

鸡屁股拴绳——扯淡

黄鼠狼摸电门——抖起来了

胡同里赶猪——直来直去

老虎打哈欠——神气十足

黑瞎子吃山梨——满不在乎

黑瞎子掉山涧——一熊到底

黑瞎子劈苞米——劈一穗丢一穗

野猪龇牙——凶相外露

野鸡扎雪堆——顾头不顾尾

香獐子的肚脐——钱眼

马蜂的尾巴——真毒

黄鼠狼看鸡——越看越稀

牛犊子扑蝴蝶——心灵蹄子笨

黑瞎子耍门框——人熊家什笨

劁猪割耳朵——两头遭罪

王八钻灶坑——又憋气，又窝火

黄皮子下豆雏子（田鼠）——一代不如一代

小家雀儿下个大鹅蛋——你口气不小

牛犊子逮老家贼——心灵身子笨

王八瞅绿豆——对眼了

懒驴不上套——欠抽

猴拿虱子——瞎掰

狗拿耗子——多管闲事

傻狗不识真

狗肉贴不到羊身上

吃屎的狗，断不了吃屎的路

狗肚子装不了二两香油好

狗不挡道

与动物有关的俗谚大都比较好理解，只要熟悉这种动物的活动习性，基本可以理解歇后语的意义。如"乌鸦落猪身上——只看到猪黑，没看到自己黑"，乌鸦全身黑色，另外，原来在东北地区养猪，基本都是黑猪，不像现在白猪居多，这样就造成了如上的歇后语。　"小黄牛拉磨盘——没长劲儿"也说"小驴拉磨——没长劲儿"，小的牛或驴因为没有发育成熟，不能长时间劳作，所以就出现了这样的歇后语。

　　事实上，东北方言中有关动物的词语数量也比较大，如：

猴拉拉的（非常，特别）

猴脾气（喜怒无常的脾气）

猴七儿（好动、好事的人）

猴头巴脑的（瘦小难看；调皮不稳重）

猴头八相的（同"猴头巴脑的"）

虎吧的（傻）

虎车车的（缺心眼儿，傻）

虎大山粗（人身体高大结实）

虎蛋（做事莽撞，傻里傻气的人）

虎虎嘈嘈的（又愣又傻）

虎拉吧唧（同"虎虎嘈嘈"）

虎拉吧儿的（无缘无故地）

虎拉咣叽（傻，缺心眼儿）

虎皮色（作出点成绩）

虎势（敢闯敢干；威武的样子）

虎实实（威武的样子）

虎着脸（脸色阴沉，露出凶相）

虎噪噪（鲁莽，冒失；愣头愣脑）

驴脸搭瓜（脸长而板着，不高兴）

驴脸瓜搭（同"驴脸搭瓜"）

驴年马月（何年何月）

驴脾气（暴躁，不讲理的脾气）

熊包（软弱无能的人）

熊包蛋（同"熊包"）

熊蛋（同"熊包"）

熊蛋包（同"熊包"）

熊拉吧唧的（形容人软弱无能）

熊气（胆怯，懦弱）

熊色（软弱无能的样子）

熊样（同"熊色"）

熊色样（同"熊色"）

熊住（把人整治住）

十二、东北方言中的数字词

数字词语在任何语言和方言中都存在，东北方言中也存在数量较大的数字词，如：

一嗷嗷（异口同声）

一半会儿（短时间）

一扯气儿（一口气）

一程子（一些日子）

一跐一滑的（走一步滑一步）

一打（自从）

一担挑儿（连襟）

一道货（一路货）

一迭声儿地（连声）

一对儿（一起）

一对双儿（双胞胎）

一个点儿（连续，不间断）

一挂二手（捎带着）

一哄哄的（纷纷传说）

一截股（一段，一截儿）

一劲儿（一直不停）

一惊一乍（说话时大惊小怪的样子）

二赖子（不务正业，游手好闲的人）

一来一来的（有招法，会做事）

一老本实儿（老老实实）

一愣一愣的（发愣而不知所措）

一连气儿（一连）

一连声儿（连声）

一连下儿（同"一连气儿"）

一溜儿（一排）

一溜气儿（一口气儿）

一溜十三遭（用很长时间很大力气）

一溜歪斜（歪歪扭扭，也说"里溜外斜"）

一码（mǎ）儿（可能，大概）

一码（mà）儿（全部）

一门儿（老是，一直）

一门心思（思想专一，不想别的）

一时半会儿（同"一半会儿"）

一顺水儿（全部一样的）

一抬一夯地（你一句我一句地）

一哇哇（声音非常响）

一嗡嗡的（声音大而嘈杂）

一窝一块儿（一伙儿的，一起的）

一窝子（一家子）

一小儿（从小，小时候）

一心巴火（一心一意）

一影不差（一点不差）

二八月庄稼人（对农活似懂非懂的人）

二把刀（一知半解，技艺不精湛的人）

二百五（不精明，缺心眼的人）

二半潮子（同"二百五"）

二不愣（傻子）

二不愣登（傻里傻气）

二潮扣（缺心眼，发傻的人）

二马天堂（糊里糊涂）

二杆子（做事固执，脾气倔的人）

二乎（马虎，不认真；傻，糊涂）

二虎（傻，缺心眼儿）

二虎巴登（傻里傻气）

二虎吧唧（同"二虎巴登"）

二荒地（种过又荒了的土地）

二混子（二流子）

二混扈（同"二混子"）

二甲子（三年生的人参）

一块堆儿（同一处；一起）

二流大挂（懒懒散散，流里流气）

二二乎乎的（犹犹豫豫，迷迷糊糊）

二皮脸（脸皮厚）

二五眼（眼力差；能力差）

二五子（一知半解的人）

二意忽忽（三心二意，犹豫不决）

二意思思（同"二意忽忽"）

二影没差（非常相像，毫无区别）

二影不差（同"二影没差"）

三吹六哨（说大话，夸口）

三老四少（民间秘密结社的青帮称帮里的人为三老四少）

四脚落地（最后决定下来；放下心）

三亲六故（亲戚朋友）

三日两头（间隔时间短）

三天两头（同"三日两头"）

三星晌午（半夜过后）

四脖子（满脖子）

四敞大开（彻底敞开）

四方大脸（方形的大脸）

四棱四角（非常整齐）

四棱窄线儿（同"四棱四角"）

四六不懂（什么都不懂）

四马汗流（浑身流汗）

四五大六（知识，道理）

四五六（同"四五大六"）

四仰八叉（仰面朝天）

四正（整齐，利索）

四枝八叶的（整洁，齐全）

五大三粗（身体魁梧，结实）

六够儿（表示程度严重）

七大八（大概）

七大姑八大姨（泛指一般的亲戚）

七三八四（责怪的话说得很多）

七早八早的（特别早）

八瓣儿（比喻零碎）

八出戏（家庭等复杂的矛盾）

八打儿（八成，大概）

东北方言中的数字词语很多都是约定俗成的，有些已经不好看出其原意，而且有些词语在实际交际中变读的情形比较多。如"一半会儿"经常读为"yíbànhuǐr"，表示"一起"的"一对儿"读为"yīduǐr"，"一来一来的"多读为"yīláiryiláirde"，"二不愣登"读为"èrbulēngdēng"。

十三、东北方言与普通话差别较大的词语

东北方言词汇具有生动形象、简洁明快、通俗易懂、幽默蕴藉的特质，特别富于节奏感。这与东北人豪放、直爽、乐观、向善的性格极其吻合。有一部分东北方言词与普通话词语有很大区别，上面我们列出的一些就是这样的。下面有选择地再列举一些：

（一）生理类

髻儿头——额头

胳肢窝——腋窝

波棱盖儿——膝盖

筋梁骨——脊背

票虎——屁股

跑破鞋——不正当的男女关系

哈喇子——口水

缺心眼儿——理智不健全

咂咂——乳房

刺挠——痒痒

52

身板儿不利索——指怀孕

捎色——褪色或丢脸

双棒儿——双胞胎

大腿拌儿——大腿弯

秃老亮——秃顶或秃头的人

(二) 动物类

牛犊子——小牛崽

猪羔子——猪崽儿

羊羔子——小羊崽儿

虎犊子——骂人的话

兔羔子——兔崽子（骂人话）

王八犊子——骂人话

蚂螂——蜻蜓

蛐蛐儿——蟋蟀

曲蛇——蚯蚓

大眼贼儿——田鼠

豆杵子——田鼠

长虫——蛇

马蛇子——蜥蜴

老鹞子——老鹰

蛤蟆骨朵儿——蝌蚪

臭鸪鸪——布谷鸟

老家贼——麻雀

黑瞎子——黑熊

张三儿——狼

花大姐——七星瓢虫

（三）称呼类

屋里的——老婆或妻子

往们——我们

摊们——他们

拖油瓶——后娘带来的孩子

个个——自己

自己个——自己

老娘们儿——专指成年女性或指老婆

孙男弟女——指同族的老少辈人

护肚巾——兜肚

小尕子——小孩

半拉子——半个劳动力

妯娌俩——哥俩的媳妇

老花子——叫花子

（四）物品类

茅楼儿——厕所

毛道儿——羊肠小路

拐旮、旯旮儿——墙角或角落

电驴子——摩托

公母俩——夫妻俩

地蹦子——不踩高跷的秧歌

电匣子——收音机

轱辘棒子——没结婚的老男人

饹饹话——含糊话

胡子——土匪

胡巴烂啃的——烧焦的样子

绝户——指没有儿子的人家

手捂子、手闷子——棉手套

手巴掌——手套

双响子——二踢脚

麻雷子——较大的爆竹

盖帘儿——高粱秆串的板

灶坑——烧火做饭的地方

羹匙儿——小勺儿

家把巴什——工具

(五) 形容人的词语

唠啵唠啵——形容说话絮絮叨叨

捯（dáo）饬捯饬——梳洗打扮

瞎掰、白话——瞎说

扒楞扒楞——用手动一动

滚犊子——滚蛋、滚开

踅（xué）摸——寻找

麻溜的——快点的

搁了搁了——搅拌

欠儿登似的——能显或多嘴多舌

得瑟——形容能显能吹忘乎所以的样子

喊咔喀嚓——形容爽快、干脆

秃噜反帐——不讲信用，反复

隔路、隔色——形容人性格特与众不同

眵目卡哧眼的——不干净，不整洁

老鼻子了——形容特别地多

砢碜（kēchen）——难看

螳朗子——指软弱可欺的人

走道了——改嫁了

急头掰脸——急赤白脸、急头白脸

三老四少——民间秘密结社的青帮

瞿眼子——固执

三七疙瘩话——牢骚话

（六）其他类

不夸堆儿——形容东西少，不够数

浮溜浮溜的——容器满了要溢出来了

喀嚓——象声词，形容声音

寒碜——丑陋难看、丢脸

老奤儿——对河北唐山人的称呼

铆大劲——使出最大力气或尽最大努力

两眼一抹黑——指人生地不熟

埋汰——不干净

冈哧冈哧——语迟、有数不愿意说

欻欻（chuāchua）的——象声词，形容队伍走得整齐

瓢了——物体变形

秃噜扣儿——定准的事又改变了

欠儿欠儿的——形容喜欢多事

死个丁的——食物不松软、不暄腾

外道——不实惠，过分客气

第三节　东北方言语法

语法包括句法和词法两个部分。从方言和普通话比较的角

度看，东北方言与普通话的差异一般认为在语法方面是最小的，即东北方言语法的内部一致性以及与普通话相比较的相同性方面都是最大的。但东北方言在语法方面也有一些独特的地方值得研究，主要表现在构词、句式、语序、语气词等方面。

一、东北方言的构词法

汉语构词主要采取复合法，即词根和词根通过特定的关系组合在一起构成词的方式。汉语中还有附加构词、重叠构词等方法。东北方言基本也采用这样的构词法，但是在具体构成方面有一定的特点。下面主要介绍东北方言中的附加构词法和重叠构词法。

（一）东北方言中的附加构词

东北方言的附加构词主要有前加式、中加式和后加式三种。

1. 东北方言中的前加构词

东北方言中的前缀不是很多。普通话中的前缀"老-""第-""阿-""初-"大多数在东北话中也用，如：

老师　老虎　老鼠　第一　第二
第三　阿姨　阿飞　初一　初二

同时东北方言中还有一些比较特殊的词汇，如：

老抱子（孵过小鸡的老母鸡）

老背（lǎobēi，最后一个）老鼻子（很多）

老倒儿（城里人对农村人的不礼貌的称呼）

老疙瘩（排行最小的子女）

老赶（对某种知识一无所知）

老家贼（麻雀）

老客（以经商为职业的人）

老闷儿（少言寡语的人）

老末儿（落在最后的）

老蔫儿（老实、不爱讲话的人）

老娘们儿（对妇女的称呼，有轻蔑的意味）

老娘婆（接生婆）

老呔儿（对山东人或是说话有这个地方口音的人的称谓）

老外（外行）

老蟑（蟑螂）

老猪腰子（抱定不放的主意）

此外，东北方言中还有两个比较常用的前缀，即"精-"
"稀-"，如：

精细　精稠　精瘦　精薄　精稀　精湿

精泞（jīngnèng）　精潮

稀软　稀碎　稀烂贱　稀烂　稀瘪　稀酥　稀脆

"精-""稀-"都带有程度意义,表示"很、非常",同时表示说话人对事物等所处状态的一种排斥的感情,如"还减肥啊,都那样精瘦精瘦的了"表示说话人建议不要再减肥,"瘦"的状态已经不是很正常了。"这饭煮得稀烂,还怎么吃啊"是说饭煮得有些过火,不适宜食用。

2. 东北方言中的中加构词

一般认为,东北方言中有所谓的中缀,常用的有"不""了巴""了咕"等,如:

袅儿悄儿——袅儿不悄儿　　冷丁——冷不丁

光溜儿——光不溜儿　　　酸溜溜——酸不溜溜

美滋滋——美不滋　　　　乐颠儿——乐不颠儿

埋了巴汰　恶了巴心　　　憋了巴屈　砢了巴磣

牙了巴磣　糊了巴涂　　　迷了巴登　臭了巴哄

乌了巴突　埋了咕汰　　　啰里吧嗦　花里胡哨

糊里糊涂　土里土气　　　乌七八黑

附加中缀构词在东北方言中虽然数量不是很大,但这种现象比较普遍。由原词附加中缀构成另外一个词,往往在某些方面也发生变化。这些词大多是形容词,在未附加中缀之前,多是性质形容词,也就是说它们大都可以说成"很埋汰、很恶心、很憋屈、很砢磣、很牙磣、很糊涂、很啰嗦、很花哨、很糊涂、很土气",但是附加中缀后,或者直接变成状态形容词,或者使原来的状态形容词更加具有生动色彩，同时还能够表达说话人某种特定的情感取向，而且往往都是消极的取向。

3. 东北方言中的后加构词

在词根上附加后缀构成新词，是东北方言中比较常见的一种构词方法。这一类词在东北方言中占有相当大的比例。

（1）巴

"巴"作为后缀，在东北方言中的构词能力很强，可以构成名词、动词、形容词，如：

哑巴（名词兼动词）	磕巴（名词兼动词）
瘫巴（名词兼动词）	锅巴（名词）
尾巴（yǐba，名词）	嘴巴（名词）
泥巴（名词）	嘎巴（名词兼动词）

这类词语大部分已经进入普通话，但有些词在东北方言中有特定的读音，如"尾巴"常读为"yǐba"，"嘎巴"常读为"gába"。

带"巴"作后缀构成的动词数量比较大，一般都是附加在单音节的词根后面，如：

擦巴　揉巴　捏巴　搓巴　捆巴　勒巴　安巴　掐巴　拔巴
抹巴　洗巴　涮巴　刷巴　挑巴　拣巴　抻巴　扯巴　缠巴　造
巴　锤巴　撕巴　试巴　涂巴　砍巴　剁巴　卸巴　拆巴　切巴
攥巴　拧巴　薅巴　拽巴　挽巴　砸巴　凿巴　写巴　算巴　搅

巴　嚼巴　撸巴　扫巴　拖巴　卷巴　绑巴　推巴　抟巴　揪巴
蹭巴　抿巴　择巴

这类动词往往表示动作的一种随意性、反复性，有做事较为容易、技艺精湛的褒义色彩，有时也含有做事不认真、敷衍了事、马马虎虎的贬义色彩，如：

擦巴擦巴就行了，不用太认真。
他捏巴捏巴就做好了一个泥人儿。
这玩意儿好择，撸巴撸巴就行！（赵本山小品《同学会》）

带"巴"作后缀构成的形容词在东北方言中也比较常见，如：

紧巴　干巴　皱巴　窄巴　抽巴
糊巴　褶巴　蔫巴　歪巴　赖巴

这些形容词与其词根的基本意义大致相同，如"紧巴"的意思与"紧"、"干巴"的意思与"干"大致都是一样的。但是从使用上来看，带有"巴"后缀的形容词口语色彩浓重，更加适合于在口语中使用。从说话者所表达的感情色彩上讲，这类形容词多带有贬义，表达说话者不满、厌恶等情绪，如：

这花一天不浇水就蔫巴了。

一个大男子汉却长得抽儿巴儿的。

这些带"巴"作后缀的形容词往往可以以一定的方式重叠，如：

紧巴　紧巴巴　紧紧巴巴　干巴　干巴巴　干干巴巴
皱巴　皱巴巴　皱皱巴巴　窄巴　窄巴巴　窄窄巴巴
抽巴　抽巴巴　抽抽巴巴　褶巴　褶巴巴　褶褶巴巴
蔫巴　蔫巴巴　蔫蔫巴巴　赖巴　赖巴巴　赖赖巴巴

（2）嗒
东北方言中，以"嗒"为后缀的构词现象也很常见。通常情况下，"嗒"与动作性强的动词词根搭配使用，而且这类动词词根必须是单音节的，如：

拍嗒　目嗒　敲嗒　扭嗒　磕嗒　扑嗒　呲嗒　喝嗒
佝嗒　出嗒　点嗒　蹿嗒　忽嗒　颠嗒　摔嗒　吧嗒
撼嗒　掂嗒　跺嗒　甩嗒　悠嗒　捶嗒　耸嗒　蹦嗒

带"嗒"作为后缀的动词具有明显的口语色彩。这些动词也可以重叠，如：

拍拍嗒嗒　敲敲嗒嗒　扭扭嗒嗒　呲呲嗒嗒　喝喝嗒嗒
佝佝嗒嗒　蹿蹿嗒嗒　忽忽嗒嗒　颠颠嗒嗒　摔摔嗒嗒

甩甩嗒嗒　悠悠嗒嗒　耷耷嗒嗒　蹦蹦嗒嗒　遛遛嗒嗒

这类词在使用中往往表现动作的重复、随意，口语化色彩更加浓重，如：

老爷爷磕嗒磕嗒烟袋，又吧嗒两口烟。
你总和长辈拍拍嗒嗒的，多不礼貌！
这孩子一点都不稳当，老是蹦蹦嗒嗒的！

（3）拉
"拉"作后缀可以构成动词、副词、名词等不同词性的词。当以"拉"为后缀构成动词时，一般要读轻声，而且后缀"拉"可以用后缀"楞""喽"替换，如：

划拉　划楞　划喽
扑拉　扑楞　扑喽
抖拉　抖楞　抖喽
扒拉　扒楞　扒喽
豁拉　豁楞　豁喽
归拉　归楞　归喽

这些动词都具有明显的口语色彩，一般都可以重叠，如：

划拉—划拉划拉　扑拉—扑拉扑拉　抖拉—抖拉抖拉

扒拉—扒拉扒拉　豁拉—豁拉豁拉　归拉—归拉归拉

动词的重叠式在使用中表现出一种随意性和动作的反复性，如：

一会儿来戚儿了，你先把屋子归拉归拉。

把布衫子抖拉抖拉，省得都尘土。

把桌子上的书简单归拉归拉，多乱啊！

"拉"后缀构词有时候能构成副词或形容词，如：

忽拉　贼拉　血乎拉　热乎拉　稀拉

这种方式构成的词往往具有形象色彩，如：

忽拉围上来一帮人。

你穿这身衣服贼拉带劲！

别说啦，血乎拉的。

什么天，热乎拉的，直憋得慌。

他那还叫头发啊，就稀拉几根毛。

有时候还可以说成"血乎拉拉、热乎拉拉"，基本意思是一样的，但口语色彩更加浓重。

"拉"读成上声（lǎ），可以加在表示处所的词语后，"拉"在东北方言的部分地区还可以儿化，如：

上边拉　下边拉　左边拉　右边拉　前边拉　后边拉　东边
拉儿　南边拉　西边拉　北边拉　旁边拉儿　这边拉儿　那边拉
一边拉

在处所词后附加后缀，没有改变词的意义，但更加口语化，
在东北方言口语中很常见，如：

我旁边儿拉儿坐着个小丫头。
东边儿拉儿有口井，就去那儿挑水。
这边儿拉儿都是我们堡子的，你去那边儿拉儿踅摸踅摸吧。

（4）挺/得慌
"挺"和"得慌"是东北方言中比较常见的后缀，它们作用
相同，词义也基本相同。"挺"作为后缀读为轻声。多数含有
"挺"后缀的词有贬义色彩，表达说话人不满意的情绪，如：

闹挺　烦挺　憋挺　愁挺　累挺　闷挺　堵挺　挤挺　饿挺
勒挺　齁挺　蛰挺　胀挺　箍挺　喧挺　硌挺　冻挺　窝挺
别挺　压挺　呛挺　烤挺　烧挺　熏挺　烫挺　热挺　酸挺
乏挺　吹挺　捂挺　撑挺　扎挺　晃挺　磨挺　晒挺　绷挺

上述说法中"挺"都可以用"得慌"替换，如：

闹得慌	烦得慌	憋得慌	愁得慌	累得慌	闷得慌	堵得慌
勒得慌	齁得慌	蛰得慌	胀得慌	箍得慌	噎得慌	硌得慌
别得慌	压得慌	呛得慌	烤得慌	烧得慌	熏得慌	烫得慌
乏得慌	吹得慌	捂得慌	撑得慌	扎得慌	晃得慌	磨得慌
挤得慌	饿得慌	冻得慌	窝得慌	热得慌	酸得慌	晒得慌

这些成分都表示某种特定的状态，在东北方言口语中比较常用，如：

我就觉（jiǎo）得闹得慌，想出去走走。

屋里闷得慌，出去遛遛儿去。

人是铁饭是钢，一顿不吃饿得慌。

（5）哧

"哧"后缀一般用在单音节动词的后面，单音节动词加"哧"后缀后仍然是动词，表示特定的动作，如：

抠哧　挠哧　揉哧　拧哧　瓣哧　拉哧　撩哧　翻哧

这类动词动作性比较强，通常与手部动作有关，口语色彩浓厚，可以单独使用或重叠使用，如：

你闲着没事老撩哧别人干啥？

这事儿我得跟你好好瓣哧瓣哧。

把面好好揉哧揉哧，好发得快点。

（6）咕

东北方言中的"咕"后缀多与单音节动词搭配，且读为轻声，如：

捏咕　捅咕　挤咕　扎咕　抹咕　拽咕　摸咕
戳咕　拧咕　捣咕　眨咕　叨咕　搭咕　嘀咕

这类动词多表示动作的幅度小及连续性，可以单独使用，也可以重叠使用，如：

你别老捅咕我，有啥话你直接说！
他们互相眨咕眨咕眼，真不知道他们葫芦里卖的什么药。

（7）巴拉

"巴拉"多用作形容词后缀，有增添生动性的作用。与"巴拉"搭配的词根通常为双音节形容词，如：

难受巴拉　痛苦巴拉　窝囊巴拉　恶心巴拉　邪乎巴拉
二虎巴拉　闹心巴拉　淘气巴拉　矻磣巴拉　憋屈巴拉
烦人巴拉　伤心巴拉　揪心巴拉　操心巴拉　费劲巴拉
咯应巴拉　碍事巴拉　小气巴拉　埋汰巴拉　糊涂巴拉

与"巴拉"搭配的形容词差不多都是形容人心情烦闷或含有贬义色彩的形容词。"巴拉"后缀往往使形容词贬义色彩更加浓厚，如：

雅安地震弄得全国人民都难受巴拉的。
他这人总是小气巴拉的。
事情一多就弄得我闹心巴拉的。
你看你吃东西的样子，恶心巴拉的！

（8）了吧唧

"了吧唧"是东北方言中使用较为广泛的一个后缀，与其搭配的词根通常是单音节形容词，其中"了"读轻声。"了吧唧"可以附加在表示气味、颜色等意义的形容词后面，如：

酸了吧唧　甜了吧唧　傻了吧唧　苦了吧唧　辣了吧唧　咸了吧唧　臭了吧唧　膻了吧唧　涩了吧唧　淡了吧唧　腥了吧唧　糊了吧唧

表示气味的形容词词根附加"了吧唧"后缀后，多表达说话者不满意或厌恶的情绪，如：

这菜甜了吧唧的，一点都不下饭。
什么东西，酸了吧唧的，赶紧扔了。
涩了吧唧的，你还说好吃呢。

"了吧唧"附加在表示颜色的形容词词根后面，构成特定的形容词，如：

绿了吧唧　粉了吧唧　黄了吧唧
紫了吧唧　青了吧唧　黑了吧唧

"了吧唧"与表颜色的形容词搭配时，多表示颜色不纯正，表达说话者厌恶的情绪，如：

这衣服紫了吧唧的，多显老！
还好看呢，黄了吧唧的，一点都不好看。
黑了吧唧的，太硌碜了。

"了吧唧"通常也可以加在表示人的情形状态的词根后面构词，如：

笨了吧唧　傻了吧唧　蔫了吧唧　虎了吧唧　二了吧唧
牛了吧唧　瘸了吧唧　狂了吧唧　疯了吧唧　傲了吧唧　浑了吧唧　蠢了吧唧　奸了吧唧　刁了吧唧　横了吧唧　呆了吧唧　驴了吧唧　贱了吧唧　屁了吧唧　损了吧唧　孬了吧唧　倔了吧唧　冈了吧唧　凶了吧唧

这类形容词词根本身就带有贬义色彩，加上后缀"了吧唧"之后加深了贬义的程度，而且增添了口语色彩。

"了吧唧"还可以附加在表示事物属性的词根后面构词，如：

烂了吧唧　硬了吧唧　稀了吧唧　破了吧唧　旧了吧唧
瘪了吧唧　扁了吧唧　黏了吧唧　细了吧唧　湿了吧唧　水
了吧唧　软了吧唧

这类形容词词根有的含有贬义色彩，有的没有，加上"了吧唧"后缀后都变成贬义词，表达说话者不满意的情绪，如：

这饭煮得硬了吧唧的，怎么吃啊？
什么啤酒，水了吧唧的！
这什么粥，稀了吧唧的，退回去。

(9) 不溜丢

"不溜丢"是东北方言中常见的一个后缀，其作用与"了吧唧"不同，往往表示说话人喜爱的色彩，如：

酸不溜丢　甜不溜丢　苦不溜丢　辣不溜丢　咸不溜丢
绿不溜丢　粉不溜丢　黄不溜丢　紫不溜丢　黑不溜丢

在交际中东北方言区的人经常使用这样的差异进行表述，如：

这橘子酸不溜丢儿的，挺好吃。

这橘子酸了吧唧的，一点儿都不甜。

（10）不愣登

"不愣登"也是带有贬义色彩的后缀，如：

直不愣登　虎不愣登　二不愣登　傻不愣登　偏不愣登
浑不愣登　横不愣登　驴不愣登　屁不愣登　闷不愣登

与"不愣登"相似的还有一个后缀"不溜星"，但使用范围不是
很广，如：

成天屁不愣登的，没个正形。
别屁不溜星的，好好的，有点样儿。

前者往往不能表示喜爱，后者有时候可以。

（二）东北方言中的重叠构词

重叠构词在普通话中也比较常见，如：

猩猩　姥姥　潺潺　皑皑　瑟瑟
姐姐　哥哥　爹爹　仅仅　刚刚

其中"猩猩、姥姥、潺潺、皑皑、瑟瑟"中的"猩、姥、潺、
皑、瑟"都只是音节，不能够单独在交际中使用。"姐姐、哥哥、

爹爹、仅仅、刚刚"中的"姐、哥、爹、仅、刚"本身就是语素，有时也可以单独成词，可以在交际中直接使用。这是普通话中重叠构词的情形。东北方言中也有重叠构词的情形，而且很多重叠词能够表现东北方言的特征。

1. "AA"式重叠词

东北方言中的 AA 式重叠词就是由两个相同的音节或语素以重轻格构成的词，如：

呲呲（cī 乱说）

跺跺（不停地跺脚）

梗梗（gèng 直挺着脖子）

勾勾（góu 弯曲不直）

祸祸（浪费，糟蹋）

眯眯（眼睛眯成缝）

抽抽（紧皱）

绷绷（běng 收紧）

觑觑（qū 眯缝眼睛看）

歪歪（歪斜）

以上这些重叠词都是动词，如：

下回都别在这里瞎呲呲！

他把这东西都祸祸坏了。

孩子 4 岁，近一周孩子看东西总爱觑觑眼，咋回事？

你歪歪个脑袋，干啥呢？

还有一些动词表示以特定方式发出声音，往往与人的发音器官的动作相关，如：

吧吧（不停地说）

叨叨（连续地说）

嘚嘚（不住嘴，瞎说）

咧咧（到处说三道四）

噙噙（一群人小声说话）

哼哼（哼唱）

哽哽（从鼻子或嗓子发出不明朗的声音）

这些词多是表示说话或发出特定声音，可以表示这个动作，有时也可以表示伴随动作的状态，如：

成天瞎吧吧啥，就不能干点正经的。

小嘴成天吧吧的，正事没看干多少。

就知道整天瞎嘚嘚，能不能实惠地干点事。

别胡咧咧，压根儿就不那么回事。

另外还有一些动词，表示心理感受或特定动作，如：

惦惦（惦记）念念（念叨）突突（心跳加快）

缕缕（lū 到处爬，有种痒的感觉）

2. "AA 的"式重叠词

东北方言中的"AA 的"式重叠词大多是状态形容词或者是副词，表示某种状态，常用的"AA 的"式重叠词如：

饱饱 de（吃得很饱的样子）

晃晃 de（走路摇动的样子；闲逛）

噌噌 de（行动迅速的样子）

登登 de（形容走路有力；满满的，紧紧的）

嗷嗷 de（相当于"非常"）

杠杠 de（相当于程度副词"非常"）

这些重叠词多是描写某种状态，在东北方言的日常口语中使用频率比较高，如：

吃得饱饱的好下地干活。（一定要吃饱，然后到田地里干农活。）

那个人走路晃晃的，很难看。（那个人走路摇摇晃晃的，很难看。）

人家都忙得够呛，你却晃晃地没事干。（我们都非常忙，你却很闲，没有事情做。）

别看他都七十多岁了，走起路来还登登的呢。

衣服买小了，穿身上登登的。

麻袋塞得登登的，再也装不下了。（麻袋装得满满的，再也装不进其他东西了。）

那家伙嗷嗷的，没治了。（那个东西非常非常好。）

这机器杠杠的，用个十年八年没问题。（这机器很好很耐用，使用十年左右没有问题。）

这机器杠杠好。（这机器非常非常好。）

3. "ABB" 式重叠词

东北方言中有一部分 ABB 式的重叠词，多是状态形容词，用于描写某种特定的状态，如：

胖乎乎　肉筋筋　冈乎乎　傻乎乎　潮匐匐　蔫匐匐

干匐匐　辣篙篙　唱嗷嗷　白生生　黄焦焦　大咧咧

盛叼叼（兴冲冲）　横叼叼（态度蛮横）　狠呆呆

这些词也可以归入附加式构词，因为重叠的 BB 往往可以看成是叠音的词缀。这些词基本使用词根的基本意义，叠音的词缀往往有增加程度义的作用，使词语更加生动、形象，如：

那小小子胖乎乎的，老招人稀罕了。（那小男孩胖胖的，特别讨人喜欢。）

她说我傻，说我冈，干啥不保根，办事肉筋筋的。（做起事来性子缓慢）

成天横叼叼的，干什么玩意儿？（整天态度不温和，为什么呀?)

4. "ABAC" 式重叠词

东北方言中的 ABAC 式重叠词是重叠其中的一个成分，其他两个成分 BC 可以成词，也可以不成词，如：

胖头胖脑　鬼头鬼脑　虎头虎脑　假声假气
瓮声瓮气　浪声浪气　动手动脚　假模假式

这些重叠词有些是动词，大多是形容词。形容词多用于描写某种特定的状态，如：

那小小子虎头虎脑的，老招人疼了。
瞧她那浪声浪气的样，看着就恶心。
别跟我假模假式的，我还不知道你狗肚子盛多少香油！

5. "AABB" 式重叠词

东北方言中的 AABB 式重叠词主要是动词或形容词。动词往往能够表示出动作连续的状态，形容词往往有增加程度意义的作用，如：

疯疯癫癫　骂骂吵吵　诈诈唬唬　热热闹闹　筋筋拉拉
丝丝拉拉　抖抖擞擞　利利索索　婆婆妈妈　埋埋汰汰
磨磨丢丢　神神叨叨　扁扁哈哈　瘪瘪瞎瞎　二二思思

笨笨卡卡　癞癞疤疤　赖赖唧唧　意意思思

这些词在日常交际中的使用频率比较高，如：

一天到晚骂骂吵吵的，跟谁欠她多少钱似的。
什么破玩意儿，扁扁哈哈的，成难看了。
瞅他那笨笨卡卡的样，也不会是什么高人。

6. "ABAB" 式重叠词

东北方言中的 ABAB 式重叠词的构词方式与普通话中动词的重叠构成方式基本一致，所以如果 AB 不成词，东北方言中的 ABAB 可以看成词法中的构词方式；如果 AB 成词，也可以看成动词的重叠形式，如：

隔叽隔叽（挠痒痒，有亲昵之意）
沫叽沫叽（把液体状的脏东西弄得到处都是）
咯叽咯叽（因为小事拌嘴）
呱唧呱唧（鼓掌）
摁巴摁巴、搓巴搓巴、揉巴揉巴

7. "A 的/了/儿 A 的/了/儿 de" 式重叠词

这类重叠词在东北方言中也比较常见，如：

蹶的蹶的 de　杵的杵的 de　甩的甩的 de　耸的耸的 de
逛的逛的 de　钳了钳了 de　蹿的蹿的 de　颠儿颠儿 de

踮儿踮儿 de　跳儿跳儿 de　撇了撇了 de　瘸了瘸了 de

摇了摇了 de

这类词大多是形容人运动中的某种状态，如：

他蹶的蹶的地就过来了。（他一蹶一蹶地过来。）

他甩了甩了地跑过来。（他甩动着胳膊跑过来。）

二、东北方言中数词的使用

数词是用来表示基数或序数的。在现代汉语普通话中，数词具有较强的构词能力。在东北方言中，数词也往往被运用得恰到好处，使方言表达更加生动、形象。

（一）数词的嵌入

东北方言中，数词的嵌入往往使得东北方言形象而生动，如：

七大八（大概）

七早八早的（形容特别早）

七大姑八大姨（泛指一般的亲戚朋友）

七三八四（形容责怪的话说得很多）

四脖子（满脖子）

四敞大开（彻底敞开）

四方大脸（呈方形的大脸）

四棱四角（非常规矩、整齐）

四六不懂（什么也不懂）

四棱窄线儿（非常规矩、整齐）

三亲六故（亲戚朋友）

三日两头（隔不长时间）

三吹六哨（说大话，夸口）

一条道跑到黑

两眼一抹黑（对情况不了解）

八竿子打不着（没有关联）

一溜十三遭（用了很长时间，费了很大气力）

七股肠子八股拽（心眼多，不靠谱）

东北方言中，还可以用数词"八"表示"基本""多数"等意思，如：

八分饱　八成新　一春带八夏　一只脚踏八只船

一个姑娘找八个婆家　离八百丈远　八辈子没吃着了

八九不离十　有个七老八

同时，还可以由数词"三"与"四"组合起来，表示"全、足"等意思，如：

有再一再二，可没有再三再四的。（不可以多次重复）

三铺四盖（铺盖充足）

事不过三（做错事多次，就过分了，不能再宽容）

四下不够天（有缺欠，不完备，不够使用）

四大崩散（全面溃散，缺损）

（二）表非数功能

在东北方言中，有这样一类由数词与数词或由数词与其他词组成的词语，其中的数词并没有表示数量的功能，比较如下两组对话：

A1：这个桌子多少钱？

A2：二百五。

B1：那个人工作怎么样？

B2：简直是二百五。

上面 A2 中的数词"二百五"是"二百五十元"，指桌子的价格。而 B2 中的"二百五"表示"头脑简单，什么也不懂，做事草率，莽撞"的意思。数词的这一用法在东北方言中很常见。由数词"二"组成的词语，在东北方言中大多带有贬义色彩，如：

二五眼——质量低或成色差

二乎赖——不合规格，不标准

二赖子——无赖，流浪汉的贬称

二小子——指甘愿受人奴役、驱使者

二半破子——类同"二五子"

二褶子——说话办事不地道者

二流子——游手好闲不从事劳动的人

二傻子——外观形象或举止像傻子

二虎八叽的——傻乎乎地略带点粗野

二扯扯的——言谈举止不庄重，不典雅

二乎乎的——糊里糊涂，不放在心上

二五子——一知半解的人

三、东北方言中"的"的使用

东北方言中"的"的用法与普通话相比有较大差异，它可以在使用中代替动词和形容词。

(一)"的"代替动词

在东北方言中，"的"（一般读为 dì）代替动词有两种情况：第一，用在否定副词"不"的后边，表示对某种要求的拒绝或说明某种情况不再延续；第二，用在否定副词"别"的后边，表示对某种行为的制止，如：

甲：你喂喂牛。

乙：我不的。（我不喂）

甲：那么你去割捆草。

乙：我不的！（我不去）

在东北方言口语中，这种用"的"代替相关动词的用法相当普遍。如果"的"字后边出现相应的语气词，虽然整个句子的意思仍然表示拒绝，但语气上变得相对平和，如：

甲：进来坐坐吧。
乙：不的了（不坐了），我还有事。

这个例子中的"不的了"表示很客气地拒绝邀请。

以上的对话都是说话人提出某种要求，听话人用"不的"表示拒绝。还有一种情形，如果说话人询问某种情况，听话人回答"不的"不再表示拒绝，而是表示情形的变化，一般是表示由一种情形向相反的情形变化，如：

甲：你还经常头疼吗？
乙：现在不的了。
甲：你妈妈还老打你吗？
乙：现在不的了。

如"你还经常头疼吗？"的答句中的"不的了"不是表示拒绝，而是表示"经常头疼"的情形不再延续，即"现在不经常头疼了"；对"你妈妈还老打你吗？"进行回答的"不的了"表示"不经常打"的意思。

东北方言中的"的"用在"别"后，通常表示否定性建议或制止，如：

> 甲：这些破东西我帮你扔了吧？
>
> 乙：别的，我还有用呢！
>
> 甲：这本书我拿走了。
>
> 乙：别的，我还没看完呢！

对"这些破东西我帮你扔了吧？"的回答，"别的"表示建议对方不要实施扔这样的行为；对"这本书我拿走了"的回应"别的"，表示"不要拿走"的意思。这种用法的"的"后面有时候可以出现语气词"啦"，这时往往表示某种做法完全没有必要，如：

> 甲：我把饭给你热一热。
>
> 乙：别的啦（别热啦），我凉吃可以。
>
> 甲：这稿子我再抄一遍吧？
>
> 乙：别的啦（别抄啦），我看那样就行了。

（二）"的"代替形容词

东北方言中，"的"代替形容词用在"不"的后边，表示原来的某种情况到说话的时间已经结束，如：

甲：我的脸还红吗？

乙：现在不的了。

甲：你那屋子还潮吗？

乙：现在不的了，去年可真潮。

对"我的脸还红吗？"进行回答，"不的了"表示从说话的时间开始，原来"红"的状态已经结束；对"你那屋子还潮吗？"进行回答，用"不的了"是说现在已经不潮了，但以前的某一段时间是潮的。

四、东北方言中的几种语序

语序也叫词序，简单地说就是句子中不同词语的排列顺序。汉语句子的语序比较稳定，如主谓结构一般都是主语在前，谓语在后；定中结构一般都是定语在前，中心语在后。在特定的方言口语中，由于交际需要，也存在一些比较有特异性的语序。东北方言中也有一些常用的语序，下面介绍一些常见的情形。

（一）主语后置

主语后置的情形在各种方言中都有。主语后置主要是说话人想把个人认为重要的信息先讲出来，这在普通话中也是存在的。但是主语后置的情形在东北方言的某些区域使用频率相对要高，几乎是普遍使用。反映东北生活的电视剧《马大帅》中范伟饰演的角色，他的口语中就经常使用主语后置的句子。下面举一些例子，如：

东北方言	普通话
干嘛去呀，你？	你干嘛去呀？
在哪儿呀，你？	你在哪儿呀？
干啥了呀，我？	我干啥了呀？
吃饭了吗，你？	你吃饭了吗？
睡了吗，你？	你睡了吗？
有病吧，你！	你有病吧！
真的好烦啊，你！	你真的好烦啊！

（二）状语后置

状语后置在普通话中出现，往往表现为某种特定的表达功能。一般地说，如果说话人把状语放在后边，多是强调这个状语前面的部分，如"走不走，现在？"是强调"走不走"。东北方言中状语后置是比较常见的现象，如：

东北方言	普通话
走吗，现在？	现在走吗？
下雨了吗，昨天？	昨天下雨了吗？
地震了吗，刚才？	刚才地震了吗？

（三）其他情形

东北方言中还有一些其他情形的语序，和普通话往往有一定的差异，如：

东北方言	普通话
你干啥去？	你去干什么？
你干啥来了？	你来做什么？
这太好了，唱的！	这唱得太好了！
这太香了，吃的！	这吃得太香了！
这是什么玩意儿啊，演的？	这演的是什么啊？
你说你这叫什么事儿啊，干的？	你说你做的这叫什么事啊？

在"你干啥去？"中，说话人主要强调的内容还是"干啥"，这时它后面的"去"往往轻读，"去"的意义也不是很实在。如果这个句子中的"去"重读，就是另外的一个句子，表示"你为什么去"。"这太好了，唱的！"是东北话中常用的另外一种句式，目前还没有人进行专门的研究。"这太好了，唱的！"的意思就是"唱得太好了！"

五、东北方言中的语气词

语气词是表达特定语气的词，属于功能性成分。从语气词在句子中出现的位置来看，主要包括：句中语气词，如"啊、吧、了、呢、么"等；句末语气词，如"的、了、吧、呢、啊、着、啦、呗、喽"等。语气词在各种语言及其方言中都发挥着重要的交际作用。在东北方言中，尤其是在口语当中，语气词运用的频率是非常高的，如：

➤ 你这不废话嘛你！/你干啥呀？/你咋这样呢？/啥玩意儿啊！/缘分哪！

➤ 老伴儿呀，咱这一个字一个字是生活积累的精华呀！

➤ 水是有源的，树是有根的，到电视征婚也是有原因的，兜里没钱就是渴望现金的，没家的滋味是水深火热的，打这些年光棍谁不盼着结婚呢？都笑话谁呀？

➤ 我不想知道我是怎么来的，我就想知道我是怎么没的。

➤ 我一定要寻一位三十以里的，是独身的，最好是没有结婚的，马上就跟我成亲的，我的妈呀，感觉找到了。

➤ 我觉得你们那服装是给别人看的，我们的服装表示的是冲到劳动第一线的。

➤ 听说他不当厨子改防忽悠热线了，竟敢扬言再不上当受骗了，残酷的现实已直逼我的心理防线了，今年我要不卖他点啥，承诺三年的话题就没办法跟观众兑现了。

➤ 抬起来呀，往前走哇，脚下的路哇，看清楚哇，黑的是泥呀，黄的是土哇，加把劲儿啊，上山坡喽，把劲儿鼓哇，加油抬呀。

➤ 但是大爷，我没有搞懂呀，不可思议啊，它这个到底是化学反应啊？还是物理反应哪？

➤ 你这二十块钱装多长时间啊？一会儿啊，还是一天哪？是不是还得在这儿过夜呀？

> 这条路哇，真难修哇，全是坎儿呀，净是沟哇。

> 我明白啦，你看我老香水不值钱啦，在家没事干快一年啦，所以你一见到我就有点心烦啦，爱情的小歌基本唱完啦！

> 南来的北往的注意了噢，注意自己的腿噢，看有没有毛病噢，没病走两步噢，走瘸了我把拐卖给你噢！

> 宋丹丹：这不是一般的腿，这是一条奥运火炬手的腿。

赵本山：哎呀妈呀，火腿呀！

这是我们随意从东北演员小品中摘录出来的句子。从上面的例子中我们可以看到这样的几个特点：首先，东北方言中语气词的使用频率很高。在上面不足 600 字的话语中，出现了 63 个语气词，这样的使用频率应该是很高的了；其次，东北方言中语气词的使用种类少，但却不单调。以东北方言小品为例，其中使用的语气词的种类不多，一般都是基本语气词"啊"的音变，也有个别东北方言中的语气词，如"喽""噢"。这些语气词的使用，给小品语言带来了生机和活力，也给东北方言带来了活力和生机；再次，东北方言中语气词的使用，能够使内容连贯清晰，语言自然流畅，让观众听起来清晰悦耳。如：

咱们那地方剧团办成气功训练班了，排练场租给小商小贩卖货摆摊了，把我这副科级给我挤靠边了，整的我一周七天全是礼拜天了。

上面例子中"了"的使用就达到了这样的效果。如果把"了"去掉，这种表达上的美感就荡然无存了。语气词的这种使用方式，还能够使表达具有活力，具有动态的美感，如：

抬起来呀，往前走哇，脚下的路哇，看清楚哇，黑的是泥呀，黄的是土哇，加把劲儿啊，上山坡喽，把劲儿鼓哇，加油抬呀。

上面一句话中总共使用了十个语气词，分别为"呀""哇""哇""哇""呀""哇""啊""喽""哇""呀"，可以分为四类。这些语气词交叉出现，使表达显得生动、新鲜、有活力。

东北方言是在漫长的历史发展过程中逐渐形成的。由于东北地区特定的地理位置，同时受到不同历史时期移民的影响，东北方言的语音、词汇，包括语法方面都形成了相应的特征。东北方言具有独特的语言魅力，展示着东北地区的自然文化和人文历史，是宝贵的语言资源和文化财富。随着东北方言的影响逐渐扩大，东北方言的语音、词汇甚至语法都慢慢对其他方言以及普通话产生了一定的浸染作用，它表明东北方言逐渐为越来越多的人所接受和喜爱。

第三章　东北方言的应用及其价值

第一节　东北方言的应用范围

任何一种语言或方言，都是用于交际的工具，是特定地区的人们最主要的交际工具。也就是说，任何一种方言首先都是特定地区的人们的日常用语。除了日常生活中使用之外，以方言为载体，也会形成相应的不同类型的作品，形成相应的语言艺术。

一、东北话的日常使用

东北地区人们交际主要使用东北方言，但是由于受到普通话的影响，目前有些东北方言词汇的使用不是很普遍了。在农村，年龄较大的人的东北话讲得还很地道，年龄越小，东北话的熟知程度就越低。尤其是接受过高等教育的人，东北话的熟知程度就很低了，有些东北方言中的词汇，几乎不能理解。下面是网友对东北话日常用语的描绘，主要是日常用语中词汇的使用情形，其中括号中是日常用语的举例：

在东北，有一种不耐烦，叫滚犊子；

（滚犊子，我正忙着呢，没工夫搭理你。）

在东北，有一种傻，叫虎了吧唧；

（瞅他那样，虎了吧唧的，赶紧走。）

在东北，有一种脑残，叫山炮；

（真他妈山炮，离他远点。）

在东北，有一种可能，叫备不住；

（还瞪摸啥，备不住早叫人拿走了。）

在东北，有一种不可能，叫够呛；

（他能考上大学，我看够呛。）

在东北，有一种另类，叫隔路；

（跟那个隔路的玩意儿交朋友，真倒霉。）

在东北，有一种脏，叫埋汰；

（街〈gāi〉上成埋汰了，别出去了。）

在东北，有一种闲侃，叫扯犊子；

（吵吵啥，没事闲扯会儿犊子，不行啊?）

在东北，有一种聊天，叫唠嗑；

（人家在那儿唠嗑儿，瞎掺和啥?）

在东北，有一种开始，叫原先；

（我原先不是老师，是工人。）

在东北，有一种不着急，叫赶趟；

（赶趟，着什么急?）

在东北，有一种唠叨，叫磨叽；

（别磨叽啦，我这就写。）

在东北，有一种错误，叫岔劈；

（我还寻思是个小小子呢，整岔劈了。）

在东北，有一种显摆，叫得瑟；

（别跟我穷得瑟，再得瑟看我不削你。）

在东北，有一种舒服，叫得劲；

（闷了吧唧的天吹上电扇，老得劲了。）

在东北，有一种能耐，叫尿性；

（让你请客吃饭，你就不请，真尿性。）

在东北，有一种口吃，叫磕巴；

（他有点磕巴，让他慢慢说。）

在东北，有一种费劲，叫吭哧瘪肚；

（行啦，吭哧瘪肚半天，不还没写出来。）

在东北，有一种角落，叫旮旯；

（她把镏子塞哪旮旯她自个儿都不知道了。）

在东北，有一种地方，叫那嘎达；

（俺们那嘎达三亲六故的老亲了。）

在东北，有一种农村，叫屯子；

（他下屯了，明个来吧。）

在东北，有一种挑逗，叫撩哧；

（你再撩哧她，她就该急眼了。）

在东北，有一种坚强，叫皮实；

（这小小子老皮实了，卡了一跤啥事没有。）

在东北，有一种赶紧，叫沙楞的；

（沙楞的，别磨磨叽叽的。）

在东北，有一种寻找，叫撒摸；

（还撒摸啥，早没了。）

在东北，有一种口水，叫哈喇子。

（哈喇子都流二尺了，还不馋呢。）

（原文语出 http：//tieba. baidu. com/p/1172825272♯frs＿nav）

下面是两段东北地区日常生活中的用语：

性格内向的呢，多和人沟通，说话别老吭哧瘪肚的，做事要喊哧喀嚓，麻溜儿，利索儿的。

咱东北人注意啦啊，咱这疙儿眼瞅要降温了，大家出门多注意啊，别洋了二正地到处撒摸，跐一跤，埋了巴汰的。

二、东北话在文学作品中的使用

（一）东北作家群

东北话在文学作品中的应用，比较地道的还应该是东北籍作家对方言的使用。东北作家形成的群体，一般称为东北作家群，是指"九一八"事变以后从东北流亡到关内的文学青年，自发地开始文学创作而形成的群体。当时从东北流亡到上海及关内其他各地的文学青年，如萧红、萧军、端木蕻良、杨晦、穆木天、师田手、舒群、罗烽、白朗、铁弦、高兰、李辉英、辛劳等人，习惯上被称为"东北作家群"。

萧红，原名张乃莹，笔名萧红、悄吟，主要作品有长篇小说《生死场》，散文集《商市街》（与萧军合作），长篇小说《马伯乐》，回忆性长篇小说《呼兰河传》，回忆故乡的中短篇《牛车上》《小城三月》等。端木蕻良，原名曹汉文、曹京平，辽宁省昌图县人。1935年完成长篇小说《科尔沁旗草原》（第一部）的创作。1936年到1938年，完成了长篇小说《大地的海》以及《鹭鸶湖的忧郁》《遥远的风沙》等一系列短篇小说的创作。1942年后，开始《大江》《大时代》《上海潮》《科尔沁旗草原》第二部和其他中短篇小说的创作。20世纪50年代到60年代初，他创作了《墨尔格勒河》《风从草原来》《花一样的石头》等大量散文作品。杨晦原名杨兴栋，辽宁辽阳人，1923年在北平《晨报》副刊发表四幕剧《来客》，1925年与冯至等组织沉钟社，创办《沉钟》，译作有《贝多芬传》（罗曼·罗兰原著）、《雅典人舌满》（莎士比亚原著）等。穆木天原名穆敬熙，吉林伊通人，初期以诗歌创作为主，后来主要翻译巴尔扎克、纪德等人作品。萧军原名刘军、田军、刘鸿霖，辽宁锦县人（现辽宁省锦州市凌海），代表作是长篇小说《八月的乡村》，其他长篇小说有《五月的矿山》《第三代》《过去的年代》等。师田手原名田质成、田凤章，吉林扶余人，抗战后期在解放区、重庆发表作品，大多发表于《抗战文艺》与《大公报》副刊。白朗又名刘莉、刘东兰，辽宁沈阳人，曾在哈尔滨《国际协报》主编文艺副刊，从事小说、散文创作，1941年后出版短篇小说集、散文集、报告文学集、长篇小说等共20种左右。舒群又名李书棠、李旭东，黑龙江哈尔滨人，1936年在上海生活书店出版《没有祖国的孩子》，影响甚广。

铁弦又名张铁弦，吉林人，作品有诗集《天蓝色的信封》《康庄大道》等。罗烽又名傅乃奇，辽宁沈阳人，1945 年后出版短篇小说集《呼兰河边》、中篇小说《归来》。高兰又名郭德浩，黑龙江爱辉人，主要著作有《高兰朗诵诗集》《高兰朗诵诗新辑》《高兰朗诵诗选》等。李辉英又名李连萃，吉林永吉人，主要作品有长篇小说《万宝山》等。辛劳又名陈晶秋、陈中敏，黑龙江呼伦人，代表作为抒情长诗《捧血者》。

此外还有邹绿芷、丘琴、雷加、骆宾基、姚奔等人。

文学创作是源于生活的。东北作家群的文学作品中浓郁的民俗文化描写一方面体现了当时的时代特色，同时更加体现了那个阶段的东北文化。东北方言在当时的文学作品中也有反映。

（二）东北作家群作品中的东北文化和东北话

东北籍作家的作品，尤其是小说中有大量反映当时东北文化的内容，其中也包含东北话的成分。这里我们择取萧红和萧军作品作为样本进行简单介绍。

1. 东北籍作家作品中反映的东北文化现象

东北籍作家早期的作品中记录了东北民间的风俗习惯，反映着东北地区不同的文化形式。下面介绍的都是东北早些年间的一些风俗习惯，代表着当时的文化特点。

（1）东北谷场

原来在东北地区，秋收之后把收割下来的各种庄稼堆放在谷场上进行人工脱粒处理，当地就称为打场（cháng）。谷场一般就称为场，多是选一个平坦的地方，用石磙［当地也称为

"遛球"（liùqiu）〕将松土压实，这个过程称为压场。压场时也会在松土中撒上秕谷等一些东西，使场更坚实。不同类的庄稼脱粒时程序也不相同，例如高粱脱粒一般是把经过晾晒的高粱穗沿场摆上一周，然后让牲畜拉着石磙碾压，高粱粒脱下后，将其集中在一起，这时高粱粒中还有很多的尘土或是高粱穗上留下的杂物，在磨制高粱米前，还需要扬场，然后装袋。扬场就是用特制的木锨或铁锨将脱粒的高粱向天空扬撒，在高粱粒落下之前，其中的尘土或其他杂物就随风吹走了。随着农业生产的进步，这些场景在东北也几乎看不到了。但是在东北籍作家的作品中，还能见到这样的场景。下面是《生死场》中描绘的打场场景。

老马自己在滚压麦穗，勒带在嘴下拖著，它不偷食麦粒，它不走脱了轨，转过一个圈，再转过一个，绳子和皮条有次序的向它光皮的身子摩擦，老动物自己无声的动在那里。种麦的人家，麦草堆得高涨起来了！福发家的草地也涨过墙头。福发的女人吸起烟管。她是健壮而短小，烟管随意冒著烟；手中的耙子，不住的耙在平场。

（萧红《生死场》）

(2) 跳大神儿

一说"跳大神儿"是发源于东北辽源黑土地中的萨满巫教文化，是一种活人与死人邪祟沟通的方式。"跳大神儿"多由两个人共同完成，一个是大神，一个是二神。大神是灵魂附体的对象，二神是助手。现代人很少见过"跳大神儿"，但多半还能听说过。下面是《呼兰河传》中记录的"跳大神儿"的场景。

　　大神是会治病的，她穿着奇怪的衣裳，那衣裳平常的人不穿；红的，是一张裙子，那裙子一围在她的腰上，她的人就变样了。开初，她并不打鼓，只是一围起那红花裙子就哆嗦。从头到脚，无处不哆嗦，哆嗦了一阵之后，又开始打颤。她闭着眼睛，嘴里边叽咕的。每一打颤，就装出来要倒的样子。把四边的人都吓得一跳，可是她又坐住了。

　　大神坐的是凳子，她的对面摆着一块牌位，牌位上贴着红纸，写着黑字。那牌位越旧越好，好显得她一年之中跳神的次数不少，越跳多了就越好，她的信用就远近皆知，她的生意就会兴隆起来。那牌前，点着香，香烟慢慢地旋着。

　　那女大神多半在香点了一半的时候神就下来了。那神一下来，可就威风不同，好像有万马千军让她领导似的，她全身是劲，她站起来乱跳。

　　大神的旁边，还有一个二神，当二神的都是男人。他并不昏乱，他是清晰如常的，他赶快把一张圆鼓交到大神的手里，大神拿了这鼓，站起来就乱跳，先诉说那附在她身上的神灵的下山的经历，是乘着云，是随着风，或者是驾雾而来，说得非常之雄壮。二神站在一边，大神问他什么，他回答什么。

　　好的二神是对答如流的，坏的二神，一不加小心说冲着了大神的一字，大神就要闹起来的。大神一闹起来的时候，她也没有别的办法，只是打着鼓，乱骂一阵，说这病人，不出今夜就必得死的，死了之后，还会游魂不散，家族、亲戚、乡里都要招灾的。这时吓得那请神的人家赶快烧香点酒，烧香点酒之后，若再不行，就得赶送上红布来，把红布挂在牌位上，若再不行，就得杀鸡，若闹到了杀鸡这个阶段，就多半不能再闹了。因为再闹就没有什么想头了。

这鸡、这布，一律都归大神所有，跳过了神之后，她把鸡拿回家去自己煮上吃了。把红布用蓝靛染了之后，做起裤子穿了。

有的大神，一上手就百般的下不来神。请神的人家就得赶快的杀鸡来，若一杀慢了，等一会儿跳到半道就要骂的，谁家请神都是为了治病，请大神骂，是非常不吉利的。所以对大神是非常尊敬的，又非常怕。

跳大神儿，大半是天黑跳起，只要一打起鼓来，就男女老幼，都往这跳神的人家跑，若是夏天，就屋里屋外都挤满了人。还有些女人，拉着孩子，抱着孩子，哭天叫地地从墙头上跳过来，跳过来看跳神的。

跳到半夜时分，要送神归山了，那时候，那鼓打得分外地响，大神也唱得分外地好听；邻居左右，十家二十家的人家都听得到，使人听了起着一种悲凉的情绪，二神嘴里唱："大仙家回山了，要慢慢地走，要慢慢地行。"大神说："我的二仙家，青龙山，白虎山……夜行三千里，乘着风儿不算难……"

（萧红《呼兰河传》）

(3) 放河灯

放河灯是华夏民族的传统习俗，用以悼念逝去的亲人，为活着的人们祈福。农历七月十五日中元节夜，在水上点燃莲花灯，称为"放河灯"。放河灯流行于汉、蒙古、达斡尔、彝、白、纳西、苗、侗、布依、壮、土家族等不同民族。东北地区也有放河灯的习俗，《呼兰河传》中就记录了东北地区人们放河灯的情形。

河灯有白菜灯、西瓜灯，还有莲花灯。和尚、道士吹着笙、管、笛、箫，穿着拼金大红缎子的褊衫，在河沿上打起场子来在做道场。那乐器的声音离开河沿二里路就听到了。

一到了黄昏，天还没有完全黑下来，奔着去看河灯的人就络绎不绝了。小街大巷，那怕终年不出门的人，也要随着人群奔到河沿去。先到了河沿的就蹲在那里。沿着河岸蹲满了人，可是从大街小巷往外出发的人仍是不绝，瞎子、瘸子都来看河灯（这里说错了，唯独瞎子是不来看河灯的），把街道跑得冒了烟了。

……

大家一齐等候着，等候着月亮高起来，河灯就要从水上放下来。七月十五日是个鬼节，死了的冤魂怨鬼，不得脱生，缠绵在地狱里边是非常苦的，想脱生，又找不着路。这一天若是每个鬼托着一个河灯，就可得以脱生。大概从阴间到阳间的这一条路，非常之黑，若没有灯是看不见路的。所以放河灯这件事情是件善举。可见活着的正人君子们，对着那些已死的冤魂怨鬼还没有忘记。

……

但是当河灯一放下来的时候，和尚为着庆祝鬼们更生，打着鼓，叮地响；念着经，好像紧急符咒似的，表示着，这一工夫可是千金一刻，且莫匆匆地让过，诸位男鬼女鬼，赶快托着灯去投生吧。

念完了经，就吹笙管笛箫，那声音实在好听，远近皆闻。同时那河灯从上流拥拥挤挤，往下浮来了。浮得很慢，又镇静、又稳当，绝对的看不出来水里边会有鬼们来捉了它们去。

这灯一下来的时候，金呼呼的，亮通通的，又加上有千万人的观众，这举动实在是不小的。河灯之多，有数不过来的数目，大概是几千百只。两岸上的孩子们，拍手叫绝，跳脚欢迎。大人则都看出了神了，一声不响，陶醉在灯光河色之中。灯光照得河水幽幽地发亮。水上跳跃着天空的月亮。真是人生何世，会有这样好的景况。

一直闹到月亮来到了中天，大昴星，二昴星，三昴星都出齐了的时候，才算渐渐地从繁华的景况，走向了冷静的路去。

（萧红《呼兰河传》）

（4）娘娘庙大会

庙会是民间的宗教性节目。旧时东北各地有许多庙宇，佛教寺院供奉如来、观音，道教观字有关帝庙、娘娘庙、城隍庙、药王庙等。每逢这些寺庙中所供神佛诞辰等重要纪念日，就是庙会的日子。《呼兰河传》中记录了娘娘庙大会的场景。

这庙会的土名叫做"逛庙"，也是无分男女老幼都来逛的，但其中以女子最多。女子们早晨起来，吃了早饭，就开始梳洗打扮。打扮好了，就约了东家姐姐，西家妹妹的去逛庙去了。竟有一起来就先梳洗打扮的，打扮好了，才吃饭，一吃了饭就走了。

总之一到逛庙这天，各不后人，到不了半晌午，就车水马龙，拥挤得气息不通了。

……

娘娘庙是在北大街上，老爷庙和娘娘庙离不了好远。那些烧香的人，虽然说是求子求孙，是先该向娘娘来烧香的，但是人们都以为阴间也是一样的重男轻女，所以不敢倒反天干。所以都是先到老爷庙去，打过钟，磕过头，好像跪到那里报个到似的，而后才上娘娘庙去。

老爷庙有大泥像十多尊，不知道哪个是老爷，都是威风凛凛，气概盖世的样子。有的泥像的手指尖都被攀了去，举着没有手指的手在那里站着，有的眼睛被挖了，像是个瞎子似的。有的泥像的脚趾是被写了一大堆的字，那字不太高雅，不怎么合乎神的身份。似乎是说泥像也该娶个老婆，不然他看了和尚去找小尼姑，他是要忌妒的。这字现在没有了，传说是这样。

……

娘娘庙里比较的清静，泥像也有一些个，以女子为多，多半都没有横眉竖眼，近乎普通人，使人走进了大殿不必害怕。不用说是娘娘了，那自然是很好的温顺的女性。就说女鬼吧，也都不怎样恶，至多也不过披头散发的就完了，也决没有像老爷庙里那般泥像似的，眼睛冒了火，或像老虎似的张着嘴。

……

两个庙都拜过了的人，就出来了，拥挤在街上。街上卖什么玩具的都有，多半玩具都是适于几岁的小孩子玩的。泥做的泥公鸡，鸡尾巴上插着两根红鸡毛，一点也不像，可是使人看去，就比活的更好看。家里有小孩子的不能不买。何况拿在嘴上一吹又会呜呜地响。买了泥公鸡，又看见了小泥人，小泥人的背上也有一个洞，这洞里边插着一根芦苇，一吹就响。那声音好像是诉怨似的，不太好听，但是孩子们都喜欢，做母亲的也一定要买。其余的如卖哨子的，卖小笛子的，卖线蝴蝶的，卖不倒翁的，其中尤以不倒翁最著名，也最上讲究，家家都买，有钱的买大的，没有钱的，买个小的。大的有一尺多高，二尺来高。小的有小得像个鸭蛋似的。无论大小，都非常灵活，按倒了就起来，起得很快，是随手就起来的。买不倒翁要当场试验，间或有生手的工匠所做出来的不倒翁，因屁股太大了，他不愿意倒下，也有的倒下了他就不起来。所以买不倒翁的人就把手伸出去，一律把他们按倒，看哪个先站起来就买哪个，当那一倒一起的时候真是可笑，摊子旁边围了些孩子，专在那里笑。不倒翁长得很好看，又白又胖。并不是老翁的样子，也不过他的名字叫不倒翁就是了。其实他是一个胖孩子。做得讲究一点的，头顶上还贴了一簇毛算是头发。有头发的比没有头发的要贵二百钱。有的孩子买的时候力争要戴头发的，做母亲的舍不得那二百钱，就说到家给他剪点狗毛贴。孩子非要戴毛的不可，选了一个戴毛的抱在怀里不放。没有法只得买了。这孩子抱着欢喜了一路，等到家一看，那簇毛不知什么时候已经飞了。于是孩子大哭。虽然母亲已经给剪了簇狗毛贴上了，但那孩子就总觉得这狗毛不是真的，不如原来的好看。也许那原来也贴的是狗毛，或许还不如现在的这个好看。

……

庙会到下半天就散了。虽然庙会是散了，可是庙门还开着，烧香的人，拜佛的人继续的还有。有些没有儿子的妇女，仍旧在娘娘庙上捉弄着娘娘。给子孙娘娘的背后钉一个钮扣，给她的脚上绑一条带子，耳朵上挂一只耳环，给她带一副眼镜，把她旁边的泥娃娃给偷着抱走了一个。据说这样做，来年就都会生儿子的。

娘娘庙的门口，卖带子的特别多，妇人们都争着去买，她们相信买了带子，就会把儿子给带来了。若是未出嫁的女儿，也误买了这东西，那就将成为大家的笑柄了。庙会一过，家家户户就都有一个不倒翁，离城远至十八里路的，也都买了一个回去。回到家里，摆在迎门的向口，使别人一过眼就看见了，他家的确有一个不倒翁。不差，这证明逛庙会的时节他家并没有落伍，的确是去逛过了。

歌谣上说："小大姐，去逛庙，扭扭搭搭走的俏，回来买个搬不倒。"

（萧红《呼兰河传》）

2. 东北籍作家作品中的东北方言

东北籍作家的作品中当然也有东北方言的成分。由于文学创作毕竟是高于生活的，所以方言方面的表现更多地体现在词汇的使用上。东北籍作家的作品中常常包含了一些东北地区的方言词汇。下面是从《生死场》《呼兰河传》中摘录的部分语词。

搬不倒（不倒翁）

半晌午（中午）

胰子（肥皂）

烟筒（烟囱）

篱墙（篱笆）

酱缸（用于制作大酱的缸）

窗洞（窗户上破开或预留的洞口）

夹袄（比较薄的棉袄）

地东（出租土地的人家）

地户（租种土地的人家）

左近（附近）

老毛子（外国人）

混帐种子（混账的人）

松树子（松子）

当心（中间的部分）

金呼呼的

黄忽忽

黑忽忽的

药忽忽的

白亮亮

四六见线（非常规整，整齐）

乍巴（狭窄）

半掩半卷（遮遮掩掩）

半紫半黄

摇摇搭搭（走路不稳的样子）

上地（到田地中劳作）

扒土豆（收马铃薯）

砍白菜（收白菜）

拐拐歪歪（不笔直）

败毁（毁坏；挥霍）

接接连连（连续不断的样子）

蓬蓬（蓬起或蓬松的样子）

聚堆（聚集在一起）

羞羞迷迷（害羞的样子）

打围（打猎）

糊突虫（对糊涂的人的称谓）

乌三八四（各种各样，形容繁杂）

火绳（用于点燃导火索或引燃的绳子）

炕沿（东北农村火炕临地一侧的边沿）

火盆（东北农村冬季取暖用的工具）

毡靴子（用毡子制成的防寒鞋）

老洋炮（土枪）

西洋景（民间娱乐装置，是若干幅可以左右推动的画片，观
众可以从透镜看放大的画面。）

倒反天干（反对）

阿拉阿拉（不停唱戏的样子）

唱秧歌（扭秧歌）

放河灯（东北地区一种祭祀活动）

跳大神儿（东北农村一种封建迷信活动，据说来源于萨满

舞蹈）

野台子戏（东北民间敬天谢地的大型还愿戏）

迷离恍惚（不清醒的样子）

豆腐脑（豆腐花，又称老豆腐，豆花，是利用大豆蛋白制成的高养分食品。）

小大姐，去逛庙，扭扭搭搭走的俏，回来买个搬不倒。

拉大锯，扯大锯，老爷（外公）门口唱大戏。接姑娘，唤女婿，小外孙也要去。

三、东北话的语言艺术

（一）东北二人转

东北二人转是东北地区一道亮丽的风景线。它广泛流行于辽宁、吉林、黑龙江三省和内蒙古自治区东部三市一盟（即呼伦贝尔市、兴安盟、通辽市和赤峰市）等地区。二人转是具有浓郁地方特色的民间小型戏曲，曾有"小秧歌、双玩意儿、蹦蹦、过口、双条边曲、风柳、春歌、半班戏、东北地方戏"等不同的称谓。二人转的表演形式通常为一男一女身着鲜艳服饰，手拿扇子、手绢等，边走边唱边舞，常是表现一段故事情节。二人转唱腔高亢粗犷，唱词诙谐风趣，属走唱类曲艺。

"二人转"这个名字最早见于伪满洲国康德二年（1934 年）4月 27 日《泰东日报》。最初的二人转，是由白天扭秧歌的艺人在晚间演唱东北民歌小调（俗称"小秧歌"）而形成的艺术形式。

后来随着关内居民增多，加上长期以来各地文化的交流，大大丰富了二人转的内涵。在原来的东北秧歌、东北民歌的基础上，又吸收了莲花落、东北大鼓、太平鼓、霸王鞭、河北梆子、驴皮影以及民间笑话等多种艺术形式逐渐演变而成，因此表演形式与唱腔非常丰富，素有"九腔十八调，七十二嗨嗨"之称。1953 年 4月，在北京举行的第一届全国民间音乐舞蹈大会上，东北代表团的二人转节目正式参加演出，"二人转"这个名字也首次得到全国文艺界的承认。在喜剧大师赵本山及其团队的极力推动下，二人转近年来为人们所熟悉和喜爱。民间流传着"宁舍一顿饭，不舍二人传"的说法，可见二人转在群众中的影响之深。

下面是早期东北二人转《窗前月下》的一段唱词：

谁不知我拙嘴笨腮说话不记甩，㾄劲上吭哧瘪肚嘴还直跑排。

越赶上着急上火那还越添彩，俩眼睛瞪一般大啥也说不出来。

哪赶上你伶牙俐齿小话来得快，着紧绷子喊哧喀嚓真能叫得开。

（孙文学《窗前月下》）

（二）东北大鼓

东北大鼓是主要流行于我国东北，即辽宁、吉林、黑龙江三省的曲艺鼓书暨鼓曲形式，是国家级非物质文化遗产之一。东北大鼓又称"辽宁大鼓""弦子书"，因为东北大鼓早期主要在乡村流行，民间俗称"屯大鼓"。关于东北大鼓的来源有两种说法：

一是清乾隆年间北京弦子书艺人黄辅臣到沈阳献艺，吸收当地民歌小调演变而成；一是清道光、咸丰年间辽西"屯大鼓"艺人进城献艺，发展为奉天大鼓。东北大鼓最初的演唱形式是演唱者操小三弦，并在腿上绑缚"节子板"来击节，自弹自唱。后来发展成一人自击书鼓和简板，另有人操大三弦等伴奏，说唱表演采用东北方音。

东北大鼓的传统曲目约 200 段，现存约 150 段，分为子弟书段、三国段、草段三类。子弟书段大多取材明清小说与流行戏曲，唱词高雅、富有文采，少数作品反映清代现实生活。三国段中有写刘备、诸葛亮和关、张、赵、马、黄五虎上将的曲目，其中关公段最多。草段是民间艺人编演的通俗唱词，题材广泛，有源于古代小说的东周列国段、西汉段，有源于民间传说的《湘子得道》《游湖借伞》，有源于爱情故事的《西厢记》《蓝桥会》，有源于反映老百姓生活的《小拜年》等，还有源于传播史地知识的《排王赞》《百山图》及文字游戏类绕口令等。

下面是东北大鼓《忆真妃》的一段唱词：

马嵬坡下草青青，今日犹存妃子陵。

题壁有诗皆抱憾，入祠无客不伤情。

三郎甘弃鸾凤侣，七夕空谈牛女星。

万里西巡君请去，何劳雨夜叹闻铃。

杨贵妃梨花树下香魂散，陈元礼带领着军卒才保驾行。

叹君王万种凄凉千般寂寞，一心似醉两泪儿倾。

愁漠漠残月晓星初领略，路迢迢涉水登山哪惯经。

好容易盼到行宫歇歇倦体，偏遇着冷雨凄风助惨情。

（三）东北渔民号子

东北渔民号子是渔民们在从事渔业生产的艰苦劳作中创作产生的，反映了广大渔民的乐观主义精神，是我国民间音乐宝库中的珍贵财富。东北渔民号子有很多分支，其中比较典型的一支是长海号子，是流行在辽宁大连长海地区的一种富有海岛特色的劳动号子。长海号子内容丰富，调式各异，其唱词以即兴编创为主，也有因习惯而产生的固定唱法。号子多为劳动呼号式，几乎没有任何实际内容，只有"呼呵嗨呦"等。也有部分唱词加入通俗简单、与劳动场景紧密结合的词语，饱含着沧桑之感，又洋溢着乐观主义精神。

下面是我们择取的一段长海号子：

哎上来呀，哎使劲拽呀，把篷撑呀；乘风上呀，快下网呀；
多捞鱼呀，好换粮呀；全家老少，饱肚肠呀！
哎上来呀，哎上来呀……

（四）东北评剧和京剧

东北评剧是流传于我国北方的一个戏曲剧种，源于莲花落、拆出小戏、唐山落子、奉天落子，习称"落子戏"，又有"平腔梆子戏""唐山落子""奉天落子""评戏"等称谓。

东北三大评剧流派分别是韩派、花派和筱派。韩派由韩少云所创，代表作是《小女婿》和《人面桃花》等；花派由花淑兰发展而成，代表作是《白毛女》《茶瓶计》等；筱派由筱俊亭发展和继承，代表作是《杨八姐游春》《穆桂英挂帅》等。这三派被称为东北评剧三大派，弘扬着东北的戏剧文化，得到了全国观众的认可和赞扬。

下面是评剧《刘巧儿》选段：

巧儿我自幼儿许配赵家，我和柱儿不认识我怎能嫁他呀。

我的爹在区上已经把亲退呀，这一回我可要自己找婆家呀！

上一次劳模会上我爱上人一个呀，他的名字叫赵振华，

都选他做模范，人人都把他夸呀。

从那天看见他我心里头放不下呀，因此上我偷偷地就爱上他呀。

但愿这个年轻的人哪他也把我爱呀，

过了门，他劳动，我生产，又织布，纺棉花，

我们学文化，他帮助我，我帮助他，

争一对模范夫妻立业成家呀。

东北京剧传播非常广泛，沈阳京剧院、大连京剧院、锦州京剧院等都曾经在国内京剧界占有重要地位，为全国观众所熟知。《雁荡山》《海瑞背纤》《甘宁百骑劫魏营》等原创剧目，不但深受全国观众的喜爱，而且被全国许多京剧院团所学演，成为保留剧目。

（五）黄龙戏

黄龙戏是以东北皮影戏音乐为基调，在吸收了民间音乐的基础上形成的具有浓郁地方特色和广泛基础的新剧种。它的唱腔音乐以当地流行的本地皮影为基调，吸收了东北大鼓、太平鼓和民间小调的精华，是独具特色唱腔的民族瑰宝。黄龙戏的内容主要反映辽金时期历史人物在黄龙府一带的活动，听起来字正腔圆，有板有眼，极具表现力，其中四大剧目《魂系黄龙府》《大漠钟声》《圣明楼》《摩托格夫人》曾多次在全国获奖，展示了其独特的艺术魅力。

（六）东北评书

东北评书是流行于我国北方地区的评书艺术。作为一种独立的说书品种，大约形成于清代初期。评书虽然口头上是说的表演形式，但其艺人来源却多为唱曲的转行。相传形成于北京的评书艺术，其第一代艺人王鸿兴，原来就是一个说弦子书的说唱艺人。20世纪初叶，有许多北方乡村表演"西河大鼓"和"东北大鼓"，后来纷纷改为评书。在东北有鞍山评书、锦州陈氏评书等，用东北的地域特色和东北乡音演绎着独特的东北评书艺术。

（七）满族说部

"满族说部"是满族的一种民间说唱艺术。满族说部来源于历史更为悠久的民间讲述形式——"讲古"。讲古在满语中称为"乌勒本/ulabun"，是讲述家族传承的故事的意思，即流传于满族各大家族内部，讲述本民族特别是本宗族历史上曾经发生的故事。在入主中原以前，满族几乎没有以文本形式记录本民族历史的习惯，当时人们记录历史的最常见的方式，就是通过部落酋长或萨满来口传历史，教育子孙。

"老的不讲古，小的失了谱。"讲古，就是利用大家最喜闻乐见的说书形式，去追念祖先，教育后人，借此增强民族抑或宗族的凝聚力。讲古不仅是一种单纯性的娱乐活动，还是一种进行民族教育、英雄主义教育和历史文化教育的重要手段。

这些具有东北地区乡音特色的语言艺术正以其独具特色的艺术魅力感染并影响着人们，为人们的生活添加了一场无比华丽的盛宴，是我国非常宝贵的文化遗产。

第二节　东北方言的使用价值

任何一种语言或方言都是人类最重要的交际工具，语言最大的价值当然在于其交际价值。口语在日常交际中具有书面语不可代替的优势。一般意义上的方言都是指某一地理区域上形成的，在语音、词汇和语法方面都有一定特征的共同语的变体。所以方言往往都蕴含、记录着当地的文化，是文化的载体。西方学者维特根斯坦认为，语言是游戏。语言和方言还具有天然的游戏功能。

东北方言是汉语共同语的分支，是北方方言的重要组成部分。东北方言历来是东北地区人们日常交际的重要工具，记录和承载着东北地区的文化要素。随着"东北方言热"的形成，东北方言的游戏、娱乐功能正在被放大化，全国人民学说东北话成为不争的现实。

一、维系乡情的东北话

"老乡见老乡，两眼泪汪汪。一口家乡话，句句诉衷肠。老乡见老乡，心儿滚滚烫。一壶家乡酒，滴滴暖胸膛。家乡话呀分外亲，家乡酒呀格外香。出门在外不容易啊，老乡帮老乡。"这平实的歌词也道出了方言的亲切。"家乡话分外亲"也正是老乡见老乡能够两眼泪汪汪的真正原因。任何一种方言都维系着一份乡情，东北方言更是把豪爽、好客的东北人联系得更加紧密。

（一）浸透乡情的乡音

东北地区地域辽阔，语音上也有一定程度的差异。以辽阳为界，辽阳以东以北的地区相似程度较高，辽阳以西地区说话往往带上些京、津、河北味儿，辽阳以南地区往往带上些山东味儿。虽然有这些小异，但大体上还是一致的。这种语音上的大同成为维系东北人浓厚乡情的纽带。

从整体上看，东北话语音的一个典型的特征是平翘舌不分。东北方言中把平舌音读成翘舌音的比较多，当然也有把翘舌音读为平舌音的现象，如"三月三号我们去爬山吧！"一句中的"三、山"在东北话中可以随意变读，可以读为：

Sānyuè sānhào wǒmen qù páshān ba!

Shānyuè shānhào wǒmen qù páshān ba!

Sānyuè sānhào wǒmen qù pásān ba!

Sányuè sánhào wǒmen qù pásān ba!

Shányuè shánhào wǒmen qù páshān ba!

这在东北地区的影视剧中也有明显的体现，如：

让我怎么说呢？

读音：Ràng wǒ zhěnme shuō ni? /Yàng wǒ zhěnme shuō ni?

李哥这是咋整的，怎么还干拉上了呢？

读音：Lǐgē zhè shì zǎ zhěng di, zēnme hái gānlá shàng le ni?

当然，东北地域较广，不同地区的语音还有各自的一些特征。例如辽西话，尤其是锦州话句尾字音抬高就是比较普遍的现象。

从声调的角度看，一般认为东北方言与普通话相比，存在发音不到位的现象。与普通话一样，东北方言也有四个调，即阴平（一声）、阳平（二声）、上声（三声）、去声（四声）。东北方言的四声也遵循一声平，二声扬，三声拐弯四声降的发音规则。但从调值角度看，声调高的没有普通话高，低的没有普通话低，如"普通话"用东北方言发音的时候，其调值大致为"pu$^{213/212}$ tong$^{44/33}$ hua$^{41/42}$"。

东北方言中有变读声母的情形。如"r"声母有些地区通常变读为零声母，如辽宁的辽阳地区一般把"日头"变读为"yìto"，"中国人民银行"通常读为"zhōngguó yínmín yínháng"。也有零声母变读为其他声母的情形，如辽宁锦州地区通常把"棉袄"（mián'ǎo）读为"miánnǎo"，"悲哀"（bēiāi）读为"bēināi"，"挨着"（āizhe）读为"nāizhe"，"爱上一个不回家的人"（àishang yíge bùhuíjiā de rén）读为"nàishang yíge bùhuíjiā de yín"。

还有一个整体上比较明显的现象，就是东北方言中儿化现象比较普遍，如"长贵儿、秀儿、玉田儿、刘老根儿、大胖儿、小花儿"等，东北方言中的人名往往在其后带上一个卷舌动作。再如二人转《王美容观花》中的片段："西北天儿，打响雷儿，打了响雷下小雨儿，下到地上泞咕唧儿。"

（二）浸润乡情的乡语

东北方言中有些词汇带有明显的地域性，这些词汇成为东北方言的象征性成分。下面是一段比较典型的东北方言口语：

东北话：咱东北人注意啦啊，咱这疙儿眼瞅要降温了，大家出门多注意啊，别洋了二正地到处撒摸，跐一跤，弄得埋了巴汰的。

普通话：我们东北人注意啦，我们这个地方马上要降温，大家出门时要多注意，不要心不在焉地到处乱瞧，摔一跤，弄得挺脏的。

上面这段话翻译成普通话还是比较容易的，还有一些东北话翻译成普通话时，就不太好把握，如：

瞅他那砢碜样：埋了咕汰，贱不喽嗖，洋了二正，像个欠儿登似的，玻璃盖咯出血了也不说扑喽扑喽，自己猫犄甲里得瑟啥呀！

我们曾经把这段话放在网上征求普通话翻译，回复的翻译中我们择取几种，如下：

A 看他那丑态：蓬头垢面，浮浪轻薄，六神无主，却爱四处招摇，双膝跌得出血也不理会，却独自躲在角落里放浪形骸！

B 瞧他那丑样：又脏、又贱、又傻，还到处惹是生非，膝盖磕出血了也不说清理一下，自己躲在角落里得意忘形！

C 看他那个丑样子：脏了吧唧，没皮没脸，傻不呵呵，没事儿欠欠儿的，膝盖磨出血了也不知道擦擦，就会自己躲壳儿里逞能！

其中 C 还大量使用了东北方言的词汇。但是从整个普通话翻译的情形来看，上面这段话如果翻译成普通话还是有一定的难度，尤其是想在保证神似的前提下进行翻译，难度就更大。所以也有网友表示，"方言的魅力，就在于你用普通话一翻译过来，便索然无味了"，这说得很恰当。

东北方言形成的特定的地理环境、语言环境以及文化特征，都造就了东北方言词汇的特殊性。东北方言像东北黑土地那样质朴，像东北人那样直率，像东北分明的四季那样轰轰烈烈，充满热情和张力，能自然而然地拉近人与人之间的距离，直通人心，给人一种酣畅淋漓的感觉。这些浸润着乡情的语汇，维系着东北人浓浓的乡情。再如：

东北话：性格内向的呢（ni），多和人沟通，说话别（biè）老吭哧瘪肚的（di），做事要喊哧喀嚓，麻（mō）溜儿，利索儿的。

普通话：性格内向的，要多和人沟通，说话时不要总是吞吞吐吐的，做事情要干净利落。

二、娱乐全国的东北话

维特根斯坦认为，语言是游戏，所以从这个角度看，语言本身就具有娱乐功能。东北方言本来是东北地区人们日常的交际工具，而且东北方言一度被认为是很土气很生硬的方言，曾经有很多人因为讲东北话而遭到笑话。但是随着赵本山及其团队的小品登上央视春晚，东北方言逐渐火起来，并逐步走向全国，成为娱乐全国的方言。

东北话走向全国，成为人们竞相学习的方言之一，经过了一个逐渐扩大影响的过程。在东北方言小品产生较大影响之前，包含了东北方言的影视剧就出现了，其中一些东北方言词语也曾经产生过一定的影响。只要提到东北影视剧，人们马上会说出一连串幽默滑稽、散发着浓郁东北风情的东北方言，如"磨叽""咋整""唠嗑""忽悠""拉倒吧""瞅瞅""白唬"等。东北方言的运用是东北乡村题材剧的主要标志之一，成为最易被观众感受和识别的部分，是营造幽默、表现人物、渲染主题的主要渠道。东北乡村题材影视剧中,演员所用的台词大都是本声本色的东北方言,有很多的俚言俗语、大土话、大实话、俏皮话、歇后语、玄话、颠倒话等,如"得瑟""老好了""瞅着""寻思""指定""老天爷饿不死瞎家雀""拉着老脸造""从小你也没有对我这么客气过,你还没开口,我背后就嗖嗖地直冒凉风""八竿子打不着"等。这些语词在剧中俯拾皆是,都是东北原色原味的语言,是东北人诙谐、幽默、风趣的浓缩和提炼,使剧情充满了喜剧性。这些语言成分的使用,不需刻意夸张造作,就显得自然、亲切,充满了东北农村的生活气息。

电视剧《大冬天》《东北王张作霖》《赵尚志》中,东北方言的成功利用就塑造出了极富个性的人物形象。使东北方言成为娱乐全国的方言还要数赵本山及其团队的小品。调查发现,近十年来运用东北方言的影视作品数量逐年增多,也说明东北方言逐渐得到全国人民的认可。下表是 2003—2013 年间的东北方言影视作品。

小品	2003 年《心病》	2004 年《送水工》	2005 年《功夫》
	2006 年《说事儿》	2007 年《策划》	2008 年《火炬手》
	2009 年《不差钱》	2010 年《捐助》	2011 年《同桌的你》
	2012 年《相亲 2》	2013 年《有钱了》	
电影	2004 年《幸福时光》	2005 年《讨个老婆过新年》	2006 年《姨妈的后现代生活》
	2007 年《恭贺新禧》	2007 年《落叶归根》	2009 年《喜临门》
	2009 年《三枪拍案惊奇》	2010 年《大话武林》	2010 年《大笑江湖》
	2012 年《河东狮吼 2》		

续表

电视剧	2003 年《东北一家人 2》	2003 年《刘老根 1》	2003 年《马大帅 1》
	2003 年《希望的田野上》	2004 年《红男绿女》	2004 年《刘老根 2》
	2004 年《马大帅 2》	2005 年《马大帅 3》	2005 年《圣水湖畔》
	2006 年《别拿豆包不当干粮》	2006 年《插树岭》	2006 年《乡村爱情 1》
	2007 年《刘老根 3》	2007 年《乡村爱情 2》	2007 年《笑笑茶楼》
	2008 年《善有善报》	2010 年《乡村爱情 3》	2011 年《来的都是客》
	2011 年《女人当官》	2011 年《乡村爱情 4》	2011 年《乡村爱情 5》
	2011 年《樱桃》	2013 年《乡村爱情 6》	2013 年《樱桃红》

（一）再现生活原貌的东北方言

以东北方言为主的影视作品，因其大量原生态方言的运用，使观众尤其方言区的观众觉得剧中的人物就是生活在自己周围的人，所说的话就是自己平常讲的话，剧中的故事就是日常发生在自己周围的琐事，极具生活感，极易拉近与观众的距离，如：

> 龙泉山庄给封了。这可咋整？
>
> 你干哈玩意儿啊你！你就得瑟吧，再跟我得瑟我削你啊！
>
> 你说我厉害不？我干大事，刚刚的。
>
> 你别嚷了，你一嚷还不如人家驴呢。
>
> 刘英，看你拿的那一把干巴花吧，干啥去啊。
>
> 你俩别在那磨磨叽叽滴，你接着说。

方言台词听起来虽然可能不够典雅，但是特别贴近生活，给观众一种熟悉感、亲切感。再加上影视剧中的演员多出身于二人

120

转表演，更令人在体味生活的同时，忍俊不禁、捧腹大笑。

（二）极具真实质感的东北方言

影视作品中，东北方言的适当运用，不仅能够使人物更具亲和力、更贴近生活，而且还能为突出人物性格特征、丰富人物形象，起到画龙点睛的作用。

近几年随着东北题材影视剧的热播，诸如"刘老根、马大帅、小沈阳、刘能、赵四"等一系列东北人物形象早已深入人心。这不仅与演员自身的表演能力有关，具有幽默效果的东北方言也起到了至关重要的作用，在塑造人物形象时如若神来之笔。如《刘老根》中的人物丁香，是一个典型的东北农村妇女形象，性子急、心肠热、善良又爱吃点小醋，因此她的台词往往比较直白，不拐弯抹角，有时话里还有拈酸吃醋的味道，如：

你咋安排我呀？

这事整的多硌碜，还把我一撸到底！

你俩说啥？咋和她摸摸搜搜的呢？

这些台词勾勒出一个坚决捍卫自己的爱情，又有些斤斤计较、任性、泼辣的农村妇女形象。东北方言的点缀让这个东北妇女的形象更加丰满。

（三）承载东北文化的东北方言

东北方言本身就是东北文化的重要组成部分，也是地域文化不可分割的一部分。它承载着东北人民的智慧，反映了东北地区的风土人情。每一部以东北方言为叙述方式的影视作品，通过其艺术表演形式把东北地区的生活面貌和东北人民的精神状态，传播到大江南北、长城内外，为文化交流作出了贡献。东北农村题材电视剧中酣畅淋漓的东北方言承载和表现了东北文化，如《乡村爱情》中的台词：

老好了/咋整/削你/咋这样呢/掺和/不稀的和你一样
天涯何处无芳草，何必非在农村找，找也不找你谢大脚。
长痛不如短痛，短痛不如不痛，当然，不痛是不可能的。

简洁、生动、形象、富有喜感的东北方言，让我们看到了豪放、直率、乐观、幽默的东北人，也让我们看到了东北人脚下那片沃野千里、大山大河、仓廪殷实、四季分明的黑土地。

（四）直接触碰幽默神经的东北方言

东北方言影视剧作品，尤其是小品，以其浓郁的泥土气息，新颖别致的创意及幽默风趣的用词，深受大家喜爱。最具代表性的要数赵本山的喜剧小品，他的作品中常常出现东北地区的俗语、熟语以及一些典型的东北方言土语，而且还会根据社会媒体的热点仿制出一些新词语，在娱乐大家的同时也成为了社会流行语，像"拉倒""忽悠""哎呀妈呀""砢碜""抠门""老……"等都是如此。从《昨天、今天、明天》到《卖拐》《卖车》《卖担架》，再到《不差钱》《相亲1》《相亲2》，"本山大叔"和其他一些艺术家利用东北方言形象性、生动性以及生活性的特点，充分发挥了喜剧小品的娱乐功能和教化功能，成为我们平淡生活中的一味调味剂，直接触碰着我们的幽默神经。

1. 东北方言俗语的使用

俗语是民间流传且定型了的通俗语句，包括俚语、谚语及口头常用语等。俗语大多是人们生活经验的总结，简约、形象。以东北方言为主的小品中运用了很多当地俗语，例如《拜年》中的"干啥啥不行，吃啥啥没够"；《卖拐》中的"脑袋大，脖子粗，不是大款就是伙夫"等。这些反映生活的东北俗语原汁原味，用简单明了的词语勾勒出人物的性格特征，概括出某种社会现象，夸张、幽默、平易近人，具有很强的亲和力，又耐人寻味。

2. 东北方言熟语的使用

熟语是习用词语的固定组合，语义结合紧密，语音和谐，包括成语、谚语、歇后语和惯用语。东北方言中的熟语其实就是俏皮话，鲜活生动、幽默风趣，有很强的感染力，像"该咋是咋""包子有肉不在褶上"等。东北方言小品中不仅常常引用现成的熟语，还会根据风俗人情，智慧地创造出一些新的临时性歇后语，例如《拜年》中的"耗子给猫当三陪——挣钱不要命"等。临时创制的歇后语内容新颖，又能戳中人们的笑点，很有感染力。

3. 东北方言特色词语的使用

东北方言特色词语质朴、生动、诙谐，散发着浓重的东北味，让人忍俊不禁，如：

首先本人虽说村长落选，但思想工作还是要搞。在家开个心理诊所，专门治疗人的大脑。欢迎大家前来就诊，有钱给点儿，没钱拉倒。

这是赵本山小品《心病》中的经典台词，充分利用了东北方言的特点，不仅语义表达明确而且押韵整齐。其中的"拉倒"一词，意思是"算了、作罢"，在东北方言中，有很高的使用频率。方言与普通话不同的新鲜感，加上东北方言的简单、形象、生动，收到了很好的喜剧效果。再如：

赵本山：我们是吃饭的，姑娘，这顿饭很重要的。

小沈阳：你管谁叫姑娘，我是纯爷们。

赵本山：来，我问问你。你们这个酒店，要是急头白脸地吃一顿要多少钱？

小沈阳：这咋还吃急眼了呢？

"纯爷们"一词是典型的东北方言，形容一个人有男子汉气概。此处小沈阳是想要用这个词语说明自己不是姑娘，但由于他的穿着和说话风格，反而显得他与这个词语格格不入，在艺术表达上就产生了幽默的效果。"急头白脸"也是典型的东北方言词语，表示情绪激动、生气、发怒等。此处赵本山是想用这个词语表示尽最大能力吃，这是由艺术表达需要引申出来的意义。也正是由于这种表达破坏了语言的习惯性原则，引发了观众的好奇心理，所以产生了幽默效果。另如：

宋小宝：海燕呐，你说我的心啊，这个哐哐地跳啊，得亏我嗓子眼细，嗓子眼粗都能跳出来。

赵海燕：多完蛋啊，怕啥，就是相亲，成就成，不成就拉倒，那女的还把你吃了咋的？

宋小宝：我不怕那女的，我怕你那表哥。

赵海燕：怕他干啥玩意儿啊？

宋小宝：他还在里屋住呢？

赵海燕：对啊。

宋小宝：海燕啊，能不能想个招儿把他整走，我和那女的单聊行不？

赵海燕：你能不能不那么多事儿啊？我表哥他人挺好的，还帮你说好话呢！

宋小宝：哎呀妈呀，那样的！

这些幽默、生动的词汇搭建了一部部优秀的作品，更是其产生幽默效果的关键所在，而且借助现代高科技媒体平台，以东北方言为主的喜剧小品俘获了越来越多观众的心，东北方言也越传越远，给更多人带去了欢乐。

4. 仿制词语的使用

东北方言小品中常常用东北腔或东北话模仿一些俗语熟语、名言警句、歌词或一些名人的广告、著作、讲话等，以此来化雅为俗，改文为野，化古为今，增加作品的笑点。例如《昨天、今天、明天》中仿照"挖社会主义墙脚"造出了"薅社会主义羊毛"，将"走自己的路，让别人说去吧"改编为"走自己的路，让别人无路可走"；仿照倪萍作品《日子》创制了《月子》；小品《策划》中仿照"文艺界"创造了"鸡界、家禽界"；《不差钱》中的"我指定，洪湖水，浪打浪，长江后浪推前浪，一浪更比一浪强，把我爹拍在沙滩上！"是对歌词的改造。这些仿制而成的新词旧貌换新颜，幽默风趣，在生活中有很强的生命力，成为人们日常调侃的口头语。

东北小品表现的是地地道道的农村生活，使用的是具有东北地域文化特色的民间语言，诙谐戏谑、趣味俏皮，"俗"中带"雅"、通俗易懂，给大众的生活带来了愉悦和欢笑。

第三节　东北方言拾趣

随着东北方言小品及影视剧的走红，东北方言也走出"家门"，受到了全国人民的追捧。像网络上流传的令人捧腹的大连话教程，有声有色的锦州话教程；东北话版《泰坦尼克号》《猫和老鼠》《再别康桥》《面朝大海，春暖花开》等都给人们的生活带去了情趣和笑声。东北方言应用范围比较广泛，具有独特的文化艺术价值。这里拣拾一些花絮，以飨读者。

1. 辨识东北人的"四项基本原则"

随着小品、影视作品、二人转等在全国的影响越来越大，东北方言已为越来越多的人所熟知和接受。社会的进步、经济的发展以及地球的村化，更加促进了不同地区人们之间的交流和沟通。东北话在全国影响的逐渐扩大，一个明显的表现就是越来越多的人愿意学说东北话。如何在不同的人群中辨识出东北人，今福提出了辨出真的东北人的"四项基本原则"。他说，辨别一个人是否是真正的东北人，主要看其是否能解释"咯应""兴应""恶应""闹应"四个词语的意思。

咯应：音 gèyìng，厌恶的意思；

兴应：音 xīngyìng，也说"兴兴"，声音喧闹使人烦躁的意思；

恶应：音 gěyìng，恶心的意思；

闹应：音 nàoyìng，使人烦心的意思。

（今福：《辨别东北人的"四项基本原则"》，见《农村天地》2004 年第 6 期）

2. "干啥"是什么意思

东北话中"做什么"一般都说成"干啥"，一般读为"gàhá"，这是东北方言日常交际中使用频率很高的一个词。王建元给我们讲过这样一个小故事：

甲：你干啥（gàhá）? ———你干什么？

乙：你干啥（gàhá）? ———你干什么？

甲：你这么大人了，骑车也不干啥? ———你这么大人，骑车怎么不注意点？

乙：你这么大人了连交通规则也不干啥? ———你这么大人，怎么连交通规则都不懂。

……争吵之际，警察赶至。

警察：你俩这是干啥呢？———你们这是在干什么呢？

甲乙二人面面相觑：我俩也没干啥啊！———我们什么也没做呀！

警察愣神之际，甲乙二人骑车走了……

（王建元：《干啥》，见《农村天地》2004 年第 6 期）

这是两位骑自行车的东北人相互碰撞后发生争执，警察来处理交通事故的一个小故事。这与普通话中"意思意思"的故事如出一辙，但上面关于"干啥"的使用在东北方言中却实实在在。下面是网络上流传的"意思意思"的小故事：

领导：你这是什么意思？

阿呆：没什么意思，意思意思。

领导：你这就不够意思了。

阿呆：小意思，小意思。

领导：你这人真有意思。

阿呆：其实也没有别的意思。

领导：那我就不好意思了。

阿呆：是我不好意思。

（语出 http：//zhidao. baidu. com/question/353694832. html）

3. 什么是"磨叽"

"磨叽"也作"沫唧"，读为"mèji"或"mòji"。在东北方言中，这个读音对应两个词，一个词的意思是絮絮叨叨、说个不停或者拖拖拉拉，办事不果断、不利索，拖延时间过久，通常有让人不悦的意思；一个词的意思是把东西弄得到处都是，很不整洁。这两个意思都可以以重叠式"mèjiji"或"mèmèjiji"表示。这个词在东北方言交际中的使用频率也很高。下面是两个东北籍研究生在宿舍的一段对话的实录。

> 甲：什么玩意儿，这书啊，弄得磨磨叽叽满桌子都是啊！
>
> 乙：什么什么玩意儿，什么书啊？
>
> 甲：我说你的书，桌子上。
>
> 乙：磨叽什么玩意儿，我书怎么啦？
>
> 甲：你说谁磨叽啊？我说你书把桌子整得磨磨叽叽的。
>
> 乙：别磨叽了，我一会儿就拾掇了。
>
> 甲：那敢情好，要不太磨叽了。

这是两个学生的对话。一方把书胡乱摆在桌子上，使桌子显得很乱。对方提醒他，让他收拾一下。普通话的意思是：

> 甲：满桌子都是书，太乱了！
>
> 乙：书怎么啦？
>
> 甲：你桌子上都是书，太乱。
>
> 乙：别啰嗦了，我书怎么啦？
>
> 甲：你说谁啰嗦？我说你的书把桌子弄得很乱。
>
> 乙：别啰嗦了，我一会儿就整理。

甲：那当然好，要不太乱了。

4. 到底怎么"整"

由于地方方言与标准普通话有很大区别，对于不同地区的人而言，即使是相同的词语，在各自方言中其内涵也是不同的，尤其是南北方言差异更大。下面是南北方言的一次碰撞：

一日，一东北人和一南方人在一列火车上偶然结识，来到了北国冰城哈尔滨。东北人一看到了家乡，出于东北人的豪爽热情，便强烈要求请南方人吃饭。二人来到了一家餐馆，要了一份猪肉炖粉条和一份炖鱼，还有一盘家常凉菜。开席之后，东北人一开始就喝了一杯白酒，什么事都没有！南方人当时就惊呆了！

这时东北人看南方人不吃菜，便指着饭菜，说了一句："整啊！"

南方人没听懂，便问："什么叫'整'啊?"

东北人说："就是吃的意思。"

南方人恍然大悟。这时东北人内急，去卫生间，对南方人讲："你先整着，我去趟茅楼。"

南方人随着一起去，到卫生间，地方狭小，东北人讲："你先整，我完事再整。"

其实，东北话中的"整"与南方话中的"搞"异曲同工，都有很多不同的意思，如：

这可咋整啊？（怎么办）

老板，再整几个菜来！（炒）

把他给我整出去！（轰、赶）

这可真让人整不明白！（理解）

现在不是整不整的问题，你明白吗？（办）

你看我整的这身衣服怎么样？（买）

你整的这是哪一出？（做）

书都整乱了，快收拾起来。（弄）

给我整点水，我渴了。（倒）

这个门我打不开，你整整吧。（试试）

5. 开酒与倒茶

由于东北方言是普通话的基础方言，与普通话比较接近，因而在东北地区内部，有时因为词语意思的混淆，也会发生许多有趣的事情。

话说有几个东北人到北京去谈生意，生意谈成后，大家很高兴，决定到饭店庆祝。入座后，一个人说："服务员来瓶酒。"服务员拿来一瓶，这个人问："多少钱？"服务员说："2800。"这人说"开"，服务员就给开了，此人接着说："开玩笑呢！这么贵，不能喝。"于是大家商定要些茶水喝。一人喊服务员，道："服务员，茶！"服务员就开始数："1、2、3、4、5、6、7、8。"这人急了，"倒茶！"服务员赶紧"8、7、6、5……"。东北人不干了，"你数啥呢？"服务员忙说："我属（数）狗。"

诸如上述这些在日常生活中发生的由于东北方言引起的笑话还有许多。从这些笑话中，我们不难看出，东北方言在日常生活中的运用，除了能展现东北人的生活习惯之外，还带有一定的幽默效果。

6. 东北话测试（配答案）

随着东北方言在全国走红，报纸杂志以及网络等媒体上开始出现关于东北方言的各种测试和测验。下面首先介绍的是《男生女生》杂志提供的一套东北话四、六、八级测试题，读者不妨一试。

A卷是作者设计的四级标准，认为适用于长江以南地区。

（1）"哎呀妈呀，他长得老砢碜了"一句中，"砢碜"指（　　）。

A. 好看　　　　B. 丑　　　　C. 长相一般　　　D. 美若天仙

（2）"嘿，那边有人干仗呢。"一句中，"干仗"的意思是（　　）。

A. 发生口角　　B. 扭秧歌　　C. 打架　　　D. 作战

（3）咱俩嘎点儿啥？"嘎"的意思是（　　）。

A. 打赌　　　　B. 割　　　　C. 打扫卫生　　D. 吃

（4）这孩子真咯应人。"咯应"指（　　）。

A. 烦人　　　　B. 招人喜欢　　C. 天真活泼　　D. 呆若木鸡

（5）这里真埋汰。"埋汰"指（　　）。

A. 脏　　　　　B. 整洁　　　　C. 豪华　　　D. 简陋

（6）他盯把儿看我。这句话的意思是（　　）。

A. 他盯着我　　　　　　　　B. 他恶狠狠地看我

132

C. 他总看我　　　　　　D. 他深情地看着我

(7)"二尾子"指（　　　）。

A. 二把手，副手　　　　B. 不男不女

C. 二百五　　　　　　　D. 双人沙发

(8) 选出"欠儿登"的同义词（　　　）。

A. 有债务　　　　　　　B. 哪儿有事哪儿到

C. 有债权　　　　　　　D. 牛

(9) 选出"吭哧瘪肚"的同义词（　　　）。

A. IQ 高　　　B. IQ 低　　　C. 速度快　　　　D. 速度慢

(10)"打腰"的同义词为（　　　）。

A. 吹牛　　　B. 裤腰带　　　C. 吃香　　　　　D. 减肥

（见《男生女生（金版）》2004 年第 7 期）

上面十道试题的答案分别为：B、C、A、A、A、C、B、B、D、C。其中的"盯把儿"也说"盯么"。其他词语我们在前文都解释过了。

B 卷作者设计为六级标准，比上面四级考试难度要大。

(1)"瘪独子"的意思（　　　）。

A. 没吃饱　　　B. 深呼吸　　　C. 混蛋，没人样　　D. 鸡蛋

(2)"骂血人了"的意思（　　　）。

A. 赞美对方是个有血有肉的人

B. 很漂亮　　　C. 脸有血色　　　D. 太狠了

(3)"劲儿劲儿地"的意思（　　　）。

133

A. 力大无比   B. 皮筋   C. 执着   D. 没完没了

(4)"嘎鼓"的意思（ ）。

A. 独特   B. 饿了   C. 难受   D. 一种乐器

(5)"磨叽"的意思（ ）。

A. 拉磨   B. 一种病名   C. 啰里啰嗦   D. 哭了

(6)"撒漠"的意思（ ）。

A. 四处看   B. 武术   C. 捡东西   D. 荒漠化

(7)"缸缸地"的意思（ ）。

A. 结实   B. 极语   C. 痔疮   D. 酸菜缸

(8)"卖呆儿"的意思（ ）。

A. 拐卖人口   B. 个体户   C. 闲着无事看热闹   D. 神经病

(9)"夜儿个"的意思是（ ）。

A. 月亮   B. 昨天   C. 身高   D. 黑

(10)"叽咯浪"的意思（ ）。

A. 拌嘴   B. 戏水   C. 撞船   D. 食品

（见《男生女生（金版）》2004年第7期）

上面十道试题的答案分别为：C、D、C、A、C、A、B、C、B、A。其中"瘪独子"多作"瘪犊子"，是东北方言中的詈语（骂人话），在东北很多地区都使用。"骂血人了"是大连话。"劲儿劲儿的"是劲头十足的意思，可以解释为执着。"嘎鼓"多作"牲古"，可以指东西不好，等品不高，如"最近手头有点紧，只能抽牲古烟了"，还可以指人品不好，如"那人可牲古了，少跟他打交道"，有时候作为对坏人的讳称，如"他这次出门碰上牲古人了，差点要了他命"。在东北方言中，上述用法基本都有，在东北一些地区中，"生古"还多指人或事物另类。"撒漠"也说"趸摸"，有"到处看，寻找"的意思。"缸缸地"也作"刚刚地""杠杠地"，东北方言中多为"非常"的意思，但程度上比"非常"要高，有强调的意味。"卖呆儿"是闲来无事看热闹的意思，也有发呆、走神、发愣的意思。"夜儿个"在东北农村目前还使用，意思为"昨天"，相关的还有"前儿个"（前天）、"大前儿个"（大前天）、"明儿个"（明天）、"后儿个"（后天）、"大后儿个"（大后天）的说法。"叽咯浪"在东北地区也较常用，是拌嘴，吵闹不停的意思。

C卷作者设计为八级标准，难度与之前相比要更大。

（1）请指出"嘎拉哈"是什么东西？

A. 一种食品

B. 一种用动物关节制的儿童玩具

C. 一种电器

D. 农用器具

（2）"闷头儿"是什么意思：

A. 栗子　　B. 锄头　　　　C. 疖子　　　　D. 砖头

（3）"卡把腊"是什么东西？

A. 一种腊肉　B. 叉状物结点处　C. 卡片　　　　D. 门把手

（4）"鸽闹"是指：

A. 一种微小的垃圾　　　　B. 一种能量

C. 一种粥　　　　　　　　D. 没能耐

(5) "豁楞"是指下面哪一个:

A. 摇摆　　　B. 豁牙子　　　C. 搅和　　　　　D. 房檐

(6) "屋脊六兽"是指:

A. 六种动物　　　　　　B. 精神饱满

C. 性格凶残　　　　　　D. 百无聊赖

(7) "借壁儿"是指:

A. 胶水　　　B. 对联　　　C. 承重墙　　　D. 邻居

(8) "边拉儿"的意思是:

A. 旁边　　　B. 拉链　　　C. 斜拉链　　　D. 边疆

(9) "念秧儿"是指:

A. 唠叨　　　B. 自言自语　　　C. 一种朗诵方式　D. 除草剂

(10) "老抱子"是指:

A. 公鸡　　　B. 老母鸡　　　C. 乌鸦　　　　D. 小伙子

（见《男生女生（金版）》2004 年第 7 期）

上面十道试题的答案分别为：B、C、B、A、C、D、D、A、B、B。"卡把腊"也作"卡巴栏"，东北方言中多指树枝分叉处。"豁楞"也作"攉弄""攉拉"，搅拌、搅和的意思。"屋脊六兽"也作"五脊六兽""五饥六受"，是指心神不定的样子。"念秧儿"多指对意见要求等不直说，而采用旁敲侧击的方式或自言自语的方式让人领会。其他的词语我们前面已经解释过了。

上面的东北话测验在选词等方面基本上都选用了具有明显特征的东北方言词语，虽然有些词语意义的解释还有待商榷，但蛮可以作为茶余饭后的娱乐工具了。

7. 蹿红网络的"东北话专业八级口语考试"

2012 年 11 月 8 日，一段名为"东北话专业八级口语考试"的视频在网上爆红。这是有关东北方言中"没""别"使用的两个问题。

问题（1）："没"

A. 没（méi）没（mèi）没（méi)?

B. 没（mèi）没（méi)!

A. 到底没（méi）没（mèi）没（méi)?

B. 没（mèi）没（méi)! 都说了没（mèi）没（méi）没（mèi）没（méi）了! 还问没（méi）没（mèi）没（méi)! 我说没（mèi）没（méi）就没（mèi）没（méi)，没（méi）了就没（méi）了，以后没（méi）没（mèi）没（méi）别问我，跟我没（méi）关系!

请问，这个物品的结局到底是怎样的？A. 没（méi）了 B. 没（mèi）没（méi)

问题（2）："别"

A. 把这个锁头别（biè）别（bie)!

B. 别（bié）别（biè）了，别（biè）凸了咋整!

A. 别（biè）别（bie)，没事呀!

B. 别（biè）开了?

A. 别（biè）坏了！

B. 让你别（bié）别（biè）别（bié）别（biè）的，你非得别（biè）别（biè）别（biè）！这下好了吧！下回告诉你别（bié）别（biè）你就别（bié）别（biè）！赶紧去买个新锁头，别（bié）跟我磨叽！

请问，他们到底说了些什么？A. 别（bié）别（biè）B. 别（biè）别（biè）

"没""别"也是东北方言中非常常用的词语。与普通话相比，在使用上差异较大。东北方言中"没"读为"mèi"，通常作为否定副词使用，如"没说、没写、没上学"。"别"在东北方言中有两个读音，当读为"biè"时，有两个意义，一是作动词用，是撬动的意思；二是在东北某些地区还可以作为副词用，表示否定祈使，如"别去、别说、别走了"；读为"bié"，通常当作否定副词使用。

8. 东北方言日常交际赏析

如果您不是东北人，能看懂下面的对话吗？

丫蛋：哎，内谁（shéi）！

小伙：干啥（gàhá）呢？

丫蛋：你去把外屋地的灰搓子倒了。

小伙：啥玩儿楞？

丫蛋：你没看见灰搓子放那成挡害（hài）了吗，撒楞儿（sālēngr）地去倒了，一会儿来戚儿（qiěr）了，嫌呼咱俩这埋汰。

小伙：没看着我夜儿个在马路牙子上把波棱盖卡秃噜皮了吗？还让我去，这不是咯应人呢吗？

丫蛋：要不咱俩竟（jìng）钢（gǎng）锤吧，谁输了谁去。

小伙：别扯，想调楞我啊？

丫蛋：哎呀，啥时候学（xiáo）尖了啊，看你平常得儿（dēr）呵的。

小伙：还想和我起咕咕丢。

丫蛋：别哇哇了，一会儿戚儿（qiěr）都到了。

丫蛋：哎，看见我的金镏子搁哪呐没呀？

小伙：谁知道你蔫巴登儿地把它塞哪旮旯了。

丫蛋：上次戴完我立马就收起来了。

小伙：那庸平啥就没了呢？

丫蛋：去，烦你，上一边拉（lǎ）呆着去。

丫蛋：我合计合计啊，我落（là）界壁儿（jièbǐr）二舅么那了。

小伙：你啥时候又上人家得瑟去了？

丫蛋：前（qiánr）个，想吃饽饽了，家里没苞米面。

小伙：对了，她大伯（bāi）子家孩子要和我妹处对象呢。

丫蛋：嗯哪，呆会儿那丫蛋就上咱家说媒来。

小伙：那好啊，赶紧让她好好给撮合撮合。

丫蛋：真是欠儿不登她二姨子，哪有事哪到。

（见 http：//tieba. baidu. com/p/513671729）

请看普通话译文：

丫蛋：哎，你（"哎"一般用于熟人间打招呼）！

小伙：什么事？

丫蛋：你去把厨房的垃圾桶收拾干净。

小伙：干什么？

丫蛋：你没看见垃圾桶放那特别碍事吗？办事利索点，把垃圾扔了，一会儿来客人了，不得嫌咱俩这不整洁啊？

小伙：没看着我昨天在路边把膝盖碰破了吗？还让我去，你怎么这么烦人呢？

丫蛋：要不咱俩"石头剪刀布"吧，谁输了谁去。

小伙：别逗了，想要我啊？

丫蛋：哎呀，啥时候学机灵了啊，看你平时傻乎乎的。

小伙：还想和我耍心眼。

丫蛋：别说了，一会儿客人都到了。

丫蛋：哎，看见我的金戒指放在什么地方了吗？

小伙：谁知道你悄悄地把它藏在什么地方了。

丫蛋：上次戴完我马上就收起来了。

小伙：那为什么就没有了呢？

丫蛋：你走，真烦你，去一边呆着去吧。

丫蛋：我想想啊，我落（là）隔壁二舅母那了。

小伙：你什么时候又上人家显摆去了？

丫蛋：前几天，想吃饽饽（东北常见的一种食物）了，家里没苞米面。

小伙：对了，她大伯家孩子要和我妹谈恋爱呢。

丫蛋：是啊，过一会儿那姑娘就上咱家来说媒了。

小伙：那好啊，赶紧让她好好给说说。

丫蛋：真是太爱管闲事，哪有事都得去。

第四章 东北方言的语言艺术

东北话是东北文化的重要组成部分，它极具夸张、幽默的语言艺术给人们带来了无穷无尽的欢乐，成为人们茶余饭后的一道美味甜点。很多东北方言的艺术形式，如东北二人转、东北大鼓戏、渔民号子、东北京剧、东北评剧、吉林黄龙戏、东北评书（辽宁鞍山评书、本溪评书、锦州陈派评书、齐齐哈尔木板书等）已被收录为国家非物质文化遗产。东北民间文学，如满族说部、吉林牛子厚故事、黄龟渊的故事、辽宁古渔雁民间故事、谭振山民间故事等也已被收录为国家非物质文化遗产。本章向您简要介绍部分东北话的语言艺术。

看看下面的这段东北话，您能看懂吗？

话说俺东北那（nèi）疙瘩（gāda），冬天贼拉的（dì）冷，大人出门都要戴上狗皮帽子、棉手闷子。可东北的小丫头、小小子们可尿性了，大冬天不穿棉袄（nǎo）光着手在外边玩嘎拉哈、跳皮筋儿、弹溜溜、扇啪唧（piàji）、单腿驴，在冰上滑冰车、滑刺溜，一个个玩的贼拉欢实。一个个的贼拉淘，小脸整得魂儿画儿的，挨爹妈骂是常事儿。东北的小小子贼皮实，不像丫头片子成天尿叽的，门牙卡掉了，波棱盖儿在马路牙子上卡突噜皮了也不叫唤。回到家后爹妈总会问："咋整的啊？一天天毛愣三光的，成天遥那疙瘩瞎跑，瞅你那脸，埋了巴汰的，像个麻土豆似地。"说完，在（zǎi）窗台上拿起条扫（sou）疙瘩就开削，吓的小小子墙旮旯、锅台后哪儿哪儿都猫。尽管这样，那小小子连眼泪疙瘩都不掉一个。

（见 http：//wenku．baidu．com/view/6bf938eb0975f46527d3e171．html）

这段文字主要是描写东北小孩子在冬天里的生活习惯，可以翻译成普通话，但是往往翻译出来以后，很多原来的味道就失去了。看看下面的普通话版：

话说我们东北那个地方，冬天特别冷，大人出门都要戴上狗皮帽子、棉手套，可是东北的小姑娘、小男孩都不怕冷。大冬天不穿棉袄、不带手套就在外面玩嘎拉哈、跳皮筋儿、弹玻璃球、扇牌、单腿驴、在冰上滑冰车、滑刺溜（均为东北儿童常玩的游戏），每个人都玩得特别高兴。每一个人都很淘气，小脸弄得脏兮兮的，回家经常被父母骂。东北的小男孩很顽强，不像小姑娘动不动就哭，门牙摔掉了，膝盖在马路边蹭破了也不哭闹。回家后父母总会问："怎么弄的啊？天天这么不稳当，整天到处乱跑，看你那脸，脏兮兮的，弄得像个土豆似的。"说完，从窗台上拿起扫帚就要打他，吓得小男孩在墙边、锅台后到处找地方藏。尽管这样，那些小男孩们也一声都不哭。

这些经典的东北话经常在我们的日常生活中使用。东北话还形成了很多的艺术形式，给人们带来了很多乐趣。我们来看看这些反映东北方言特征的艺术形式。

第一节　东北二人转选段

二人转现在已经成了东北人的一块活招牌，一张享誉世界的东北明信片。下面我们来看看二人转中记录的一段小故事：

母们那疙瘩叫山旮旯堡（pǔ）子，堡子里有一户人家。公母（góngmu）俩由于是近亲结婚，所以生的几个孩子都二虎巴叽、彪忽忽的，一个个长的老寒碜、老寒碜了，其中还有个孩子是二椅子。老爷们儿身体刚刚（gáng）的，就是没有文化，没给几个孩子起名字，就按大小顺序管孩子叫大憨、二憨……

大憨搞了个对象，没处几天就黄了。他在自己的日记里含泪写道："曾经有一份贼拉那啥的爱情，搁在俺跟前儿（qiǎnr），俺没稀得搭理，直到整没了，俺后悔屁了。人间最邪乎、最憋屈的事儿也就这样了。如果老天爷再给俺一个机会，俺乐意对那个丫头说'俺稀罕你！'。如果非要给这事整个年头的话，俺希望这个年头是一万年！"

二憨听说打黑瞎子能赚大钱，就买了几瓶好酒到一位有经验的老猎人家去拜师。进屋就跪下说："大爷，你教教我得了呗？"老头刚开始不教，俗话说"教会徒弟，饿死师傅啊"。后来架不住他天天来央告，还挺有眼力见儿（jiànr），心就软了，跟二憨说："孩子，要找熊得先找洞，熊越大洞越大，洞小了大熊藏不住。你找到洞后，往里扔几块石头，把里面的熊给惹急了，你能听到它在里面呜地一声。然后你就端枪站在洞前等着，这时候黑瞎子肯定立起身蹿出来，你瞄准它胸口那片白毛，一枪就行了，一枪一个准儿，没跑儿。"

二憨一听，这个高兴啊，又跪下给老头磕了一个头，说："妥了。"老头说："那你去吧。"二憨转身就走了。过了几天，老头就捉摸这二憨咋没来呢？心里话这小子也太不像话了，像那个你打没打着熊都得告诉我一声儿啊，太不把我当回事了。不行，我得上他家埋汰埋汰他。

到了二憨家，看到二憨身上缠着绷带打着石膏在床上躺着呐，赶紧问："二憨，你这是咋的了？"二憨说："唉，别提了，打熊打的。"老头儿说："咋成这熊样儿了呐？你没按我教你的招儿打么？"二憨说："就是按你教的招儿整这样的。"老头儿说："不能呀，我打多少年了也没失过手呀，到底怎么回事，你跟我好好说说。"二憨说："唉，大爷，那天我上山，挑了个最大的山洞，往里扔了块石头，就听到里面呜地一声，我就赶紧端枪站在洞前等着。"老头儿问："那熊出来没有？"二憨说："熊没出来，火车出来了。"

（见 http://tieba.baidu.com/p/268140576）

请看下面的普通话版：

我们那地方叫山旮旯堡子，堡子里有一户人家。老两口由于是近亲结婚，所以生的几个孩子都傻乎乎的，一个个长得非常难看，其中还有个孩子说话不男不女的。老爷们儿身体很棒，就是没有文化，没给几个孩子起名，就按大小顺序管孩子叫大憨、二憨……

大憨搞了个对象，没处几天就吹了。他在自己的日记里含泪写道："曾经有一份特别美好的爱情，出现在我面前，我没有珍惜，直到失去了，我才后悔莫及。人间最痛苦、最难过的事儿也就如此了。如果老天爷再给我一个机会，我愿意对那个女孩说'我喜欢你!'。如果非要给这件事加上期限的话，我希望期限是一万年!"

二憨听说打黑熊能赚大钱，就买了几瓶好酒到一位有经验的老猎手家拜师。进屋就跪下说："大爷，你教教我行吗?"老头刚开始不教，俗话说"教会徒弟，饿死师傅啊"。后来禁不住他天天来央求，还挺会看眼色行事的，心就软了，跟二憨说："孩子，要找熊得先找洞，熊越大洞越大，洞小了大熊藏不住。你找到洞后，往里扔几块石头，把里面的熊给惹急了，你能听到它在里面呜地一声。然后你就端枪站在洞前等着，这时候黑熊肯定立起身蹿出来，你瞄准它胸口那片白毛，一枪就行了，一枪一个准儿，跑不了。"

二憨一听，非常高兴，又跪下给老头磕了一个头，说："行了。"老头说："那你去吧。"二憨转身就走了。过了几天，老头就想这二憨为什么没来呢?心想这小子也太不像话了，按理说你无论打着熊还是没打着熊都得告诉我一声儿啊，太不把我当回事了。不行，我得上他家说说他。

到了二憨家，看到二憨身上缠着绷带打着石膏在床上躺着，赶紧问："二憨，你这是怎么了？"二憨说："唉，别提了，打熊打的。"老头儿说："怎么成这样儿了呢？你没按我教你的招儿打么？"二憨说："就是按你教的招儿弄成这样的。"老头儿说："不能啊，我打多少年了也没失过手啊，到底怎么回事，你跟我详细说说。"二憨说："唉，大爷，那天我上山，挑了个最大的山洞，往里扔了块石头，就听到里面呜地一声，我就赶紧端枪站在洞前等着。"老头儿问："那熊出来没有？"二憨说："熊没出来，火车出来了。"

第二节　东北大鼓戏选段

下面是《老来难》中一段改编的东北大鼓词：

别的闲言都不谈，听我唱个老来难。

劝人莫把老人嫌，老来难啊老来难。

当初只嫌别人老，如今轮到我面前。

千般苦啊万般难，听我从头说一番。

耳聋难与人对话，岔七岔八惹人嫌。

老眼昏花看不见，常把李四当张三。

鼻泪常流擦不干，年轻人常笑话俺。

说俺糊涂又装蒜，男女老少人人烦。

儿孙媳妇个个嫌，牙齿掉完口流憨。

硬物难嚼囫囵吞，一口不顺噎半天。

卡在嗓内鲠在喉，眼看生死两可间。

儿孙不给送茶饭，反说老人口头馋。

冷天睡觉常戴帽，凉风飕飕脑袋酸。

拉被蒙头怕风钻，侧身睡觉翻身难。

盼天不明睡不着，浑身疼痛苦难言。

一夜小解七八便，怕夜长啊怕风寒。

鼻子漏液如脓烂，常常流到胸膛前。

席前陪客个个嫌，茶盅饭碗无人端。

常年肺虚常咳嗽，一口一口吐黏痰。

儿女们啊都恨咱，说我邋遢丢人眼。

脚又麻来腿又酸，行动坐卧真艰难。

扶杖强行一二里，上炕如同登泰山。

行动坐卧真艰难，全身嘚嘚腿发软。

无心气啊记忆乱，颠三倒四惹人烦。

年老苦啊说不完，仁人君子听我言。

面对老人莫要嫌，人生不能只少年。

日月如梭催人老，人人都有老来难。

大家都来敬老人，尊老风尚代代传。

　　大鼓词中一般都是普通话，偶尔会出现东北方言词汇，但在音调上，能听出具有浓郁特色的东北口音。请看普通话版

《老来难》：

别的闲话都不说，听我说个老来难。

劝人不要嫌老人，老来难啊老来难。

当初只嫌别人老，如今轮到我面前。

千般苦啊万般难，听我从头说一遍。

耳聋难与人对话，听不清楚惹人嫌。

老眼昏花看不见，常把李四当张三。

鼻涕泪水擦不干，年轻人常笑话我。

说我糊涂装不知，男女老少人人烦。

儿孙媳妇个个嫌，牙齿掉完流口水。

硬物难嚼囫囵吞，一口不顺噎半天。

卡在嗓内噎在喉，眼看生死两可间。

儿孙不给送茶饭，反说老人口太馋。

冷天睡觉常戴帽，凉风飕飕脑袋酸。

拉被蒙头怕风钻，侧身睡觉翻身难。

盼天不明睡不着，浑身疼痛苦难言。

一夜小解七八便，怕夜长啊怕风寒。

流鼻涕似生脓水，常常流到胸膛前。

席前陪客个个嫌，茶盅饭碗无人端。

常年肺虚常咳嗽，一口一口吐黏痰。

儿女们都恨我，说衣着不整丢人眼。

脚又麻来腿又酸，行动坐卧真艰难。

扶杖强行一二里，上炕如同登泰山。

行动坐卧真艰难，全身抖动腿发软。

无心气啊记忆乱，颠三倒四惹人烦。

年老苦啊说不完，仁人君子听我言。

面对老人莫要嫌，人生不能只少年。

日月如梭催人老，人人都有老来难。

大家都来敬老人，尊老风尚代代传。

第三节　东北方言版《猫和老鼠》选段

请看一段《猫和老鼠》的东北方言版（M代表猫，L代表老鼠）：

M1：哎哟妈呀，我的妈呀，真往死里整啊。

M2：钻垃圾桶啊，哎哟，我的天呦。

M3：不是我干的，我不调理你。

M4：快放了我们吧！

M5：脑袋迷糊，都是双影的。

L1：你们这帮瘪犊子，敢跟我搁（gē）这扯。

M5：哎呀妈呀，真不是我呀。

L1：我不把你们稀屎打出来，就算你们肛门紧。哼，跟我扯
幺蛾子。

L1：（收到一封信，信里说：哥呀，快来啊，二尕子起幺蛾

子了，都快把兄弟我整废了。）这帮人都是滚刀肉呀。地瓜，让他们给欺负了，纯粹他妈的废物点心，看我怎么治他们去。

M1、M2、M3……：（看见 L1）快跑啊！啊！别动手，我自己挖坟，我自己立碑。

（L1 来到 L2 处）……

M6：（点炮竹，扔 L2 洞里）看我地，再来一个，崩死你。

L2：哎呀，妈呀，太欺负人这也。

L1：哼，看我地。（走到 M6 前，把炮竹放嘴里）张开吧，你。（把嘴堵住）闭上嘴。

M6：你个小兔崽子，你是红眼的耗子不怕猫哇。

L1：小样，我告诉你，以后不准欺负我弟弟，听见没？非典非典，你给我飞吧，呸。哼，看你再欺负他，我整死你。

M6：我就不信我打不过你，拳击，这体格全是块儿啊。咋地，不愤啊，看我这（zèi）会儿地。

L2：（对 L1）哥，吃个巧克力派吧。（看见二尕子）哎呀妈呀，二尕子来了。

M6：小兔崽子，过来。

L1：（打 M6）属猪的吧，你这不禁打呀你。

L1：（洗澡，对 L2）兄弟，想当年啊，你哥我搞对象那会，那小伙帅呆了，酷毙了。你嫂子追我，那跟头把式地，简直地，天天撵得我呀，叽里咕噜地跑呀。

L2：真的呀，哥。

L1：那可不是咋地，那不是跟你吹。哎呀，那个时候简直太甜蜜了。

L2：（M6 把保龄球从房顶扔下来）哎呀妈呀，快跑快跑。

L1：（看见 M6 按住 L2）小样，跟哥你玩阴地啊。（扔球过去）

M6：快跑啊！

L1：站住！

M6：（停下来）我看你怎么办？我崩死你。（L1 把枪管吹大了）我咋看不着了呢咋？

（L1 趁着看不见，用锤子砸向 M6）

······

M6：（打电话）你有，我也会找人。

M7：（接电话）什么事，没毛病。你大哥我黑白两道都能摆平。放心吧，走，咱们把事干得利索点。

M6：好嘞，咋还没来呢（ni）。

M7：来了，跑江湖的，能不讲道义吗？

M6：大哥，看见没，就他俩，他俩收拾我。

M7：看见了，走，收拾干净点。

M6：指望你了，大哥。这回就看热闹喽。（看见帽子飞过来）哎呀，大哥真厉害啊。

L1：哼，跟我斗，没门。

M6：哎呀妈呀，咋整这样呢，乌烟瘴气的。（看见 L1 出来）哎呀，他咋没咋地呢，我得看看咋回事。

M6：（原来被 L1 给收拾了）求求你，求求你，你就是我亲娘舅舅。大哥，以后我再也不敢了。

L1：（对 L2）兄弟，这套行头就留给你了。（把自己的衣服给 L1）你穿上它心里就有底了。人要硬气点，不硬气怎么就受人欺负，知（zhí）道不知道？

L2：（穿着 L1 的衣服）哎呀妈呀，我心里咋没底呢，有点发毛啊，硬气点。尕子，麻溜过来你。

M1：哎呀，大哥，啥事你说吧，以后有事你吩咐，我炮蹶子给你干。

L2：哎呀妈呀，哎呀，硬气真好使啊！

东北方言版的《猫和老鼠》受到大家的喜爱和欢迎，别有一番风味。下面是普通话版的《猫和老鼠》：

M1：哎哟，妈呀，我的妈呀，真往死里打啊。

M2：钻垃圾桶啊，哎哟，我的天呦。

M3：不是我干的，我不调理你。

M4：快放了我们吧！

M5：脑袋迷糊，看人都是双影。

L1：你们这帮没有骨气的家伙，敢跟我在这闹。

M5：哎呀妈呀，真不是我呀。

L1：我不把你们稀屎打出来，都算你们肛门紧。哼（语气词），跟我弄歪门邪道的。

L1：（收到一封信，信里说：哥呀，快来啊，二尕子出鬼点子了，都快把兄弟我弄废了。）这帮人都是很难应付的人呀。地瓜，让他们给欺负了，真是太没能耐了，看我怎么收拾他们。

M1、M2、M3……：（看见 L1）快跑啊！啊！别动手，我自己挖坟，我自己立碑。

（L1 来到 L2 处）……

M6：（点炮竹，扔 L2 洞里）看我的，再来一个，崩死你。

L2：哎呀，妈呀，这也太欺负人了。

L1：哼，看我的。（走到 M6 前，把炮竹放嘴里）张开吧，你。（塞住）闭上嘴。

M6：你个小兔崽子（这里指骂 L1 的称呼），你是红眼的耗子不怕猫哇。

L1：小样（看不起对方，蔑视），我告诉你，以后不准欺负我弟弟，听见没？非典非典，你给我飞吧，呸。哼，你再欺负他，我弄死你。

M5：我就不信我打不过你，拳击，这体格全是块儿啊。怎么地，不服气啊，看我这会儿的。

L2：（对 L1）哥，吃个巧克力派吧。（看见二吊子）哎呀妈呀，二吊子来了。

M6：小兔崽子，过来。

L1：（打 M6）属猪的吧，你这不禁打呀你。

L1：（洗澡，对 L2）兄弟，想当年啊，你哥我搞对象那会，那小伙帅呆了，非常酷。你嫂子追我，那运用各种手段啊，简直地，天天撵得我呀到处跑呀。

L2：真的呀，哥。

L1：那是当然的了，那不是跟你吹。哎呀，那个时候简直太甜蜜了。

L2：（M6 把保龄球从房顶扔下来）哎呀妈呀，快跑快跑。

L1：（看见 M6 按住 L2）小样，你跟哥还背后耍手段啊。（扔

球过去)

M6：快跑啊！

L1：站住！

M6：（停下来）我看你怎么办？我崩死你。（L1 把枪管吹大了）我怎么看不清了呢？

（L1 趁着看不见，用锤子砸向 M6）

……

M6：（打电话）你有，我也会找人。

M7：（接电话）什么事，没问题。你大哥我黑白两道都能摆平。放心吧，走，咱们把事干得利索点。

M6：好了，怎么还没有到呢。

M7：来了，跑江湖的能不讲道义吗？

M6：大哥，看见了吗？就他俩，他俩收拾我。

M7：看见了，走，收拾干净点。

M6：指望你了，大哥。这回就看热闹喽。（看见帽子飞过来）哎呀，大哥真厉害啊。

L1：哼，跟我斗，没门。

M6：哎呀妈呀，怎么弄成这样呢，乌烟瘴气的。（看见 L1 出来）哎呀，他怎么什么事也没有呢，我得看看怎么回事。

M6：（原来被 L1 给收拾了）求求你，求求你，你就是我亲娘舅舅。大哥，以后我再也不敢了。

L1：（对 L2）兄弟，这套行头就留给你了。（把自己的衣服给 L1）你穿上它心里就有底了。人要硬气点，不硬气就会受人欺负，知道不知道？

L2：（穿着 L1 的衣服）哎呀妈呀，我心里怎么没底呢，有点心虚啊，有点骨气点。尕子你赶紧给我过来。

M1：哎呀，大哥，啥事你说吧，以后有事你吩咐，我卖命给你干。

L2：哎呀妈呀，哎呀，硬气真好使啊！

第四节　东北早期电视小品

《十三香》是赵本山的第一部小品作品。自从这个小品在央视播出后，东北话开始走进人们的生活，并被人们效仿和传播。《十三香》中极具特色的东北话和幽默诙谐的表演形式，深受观众喜爱。下面选取其中的一些片段供大家欣赏：

G：走一走、瞧一瞧、看一看啊，上好的十三香啦（lá）。（唱）小小的纸儿，它四四方方，东汉蔡伦造出纸张，要问这纸它有个啥用，听我慢慢说端详……

Z：瞧一瞧、看一看、停一停、站一站，法制报、故事报、新出版的电视报，有传奇，有侦破，有讽刺，有幽默。供欣赏供娱乐，受教育开眼界。看一看吧，十七岁的少女失踪之谜，七十二岁的老太太为什么改嫁……，看一看就知道了。看一看，是谁敲开了寡妇的大门……

G：你老慢着点，再走就踩着人了（liā）。

Z：这好么样咋还冒出个大活人呢（niā）？

G：啥叫冒出来的呀（diā），我早就来了。

Z：啥时来的？

G：才刚儿（gāngr）来的。

Z：干啥来了。

G：卖十三（sǎn）香啊。

Z：不知道这地方有人吗？

G：有人？在哪呢？

Z：在你跟前儿（qiánr）呢，这地方打去年我就承包了。

G：老爷子说话忒（tuī）逗了，这也不是你们家炕头，你说包还就包？

Z：不是，你这人咋这么隔路呢？把人家地盘给占了咋还不说点理呢？

G：哪是你家地盘啊？

Z：就（zhòu）是这个地方，就我画圈这地方就归我。

G：哎哟我的妈呀，画圈就归你？那你要有这两下子，你咋不上天安门广场画个地盘去？

Z：不是，少废话，这个地方就是我的。

G：捅啥呀，捅撒了花椒面，你赔得起吗？

Z：你怕捅撒，给我挪挪，往那边。

G：往那边挪，那是公共厕所。

Z：那你卖十三香正好，香刺辣味的。

G：你咋不上那边去卖呀？

Z：你去吧，哼。

G：我不去，我就是不去。

Z：你痛快给我挪窝！你得有个先来后到吧，我昨儿（zuór）个就来了。

G：我前儿（qiánr）个就来了。

Z：我去年就在这个地方卖报。

G：那你要是这么说，我爷爷打光绪年间就在这卖花椒面。

Z：我卖报是政府批准的。

G：我卖十三香它也是有营业执照啊。

Z：我卖报是宣传改革开放的。

G：我卖十三香也是搞活经济，为人民服务的。

Z：你别跟我穷对付（huō），痛快儿（kuāir）挪，你今不挪明个也得挪。

G：我头年就不准备挪喽。

Z：那你是打算烂在这了。

G：你才烂到这呢。

Z：是不是说好盯死不挪了，我看你咋不挪的。

G：我看你咋不挪的，你少往我跟前凑合。

……

Z：你整地什么玩楞，烂七八糟的，你不卖你十三香。

G：我的嘴长在我自己个的鼻子底下边，我就愿意唱。

Z：那对，长在猫尾巴下边就不你嘴了。

……

Z：啊！讲法制、讲文明，健康长寿讲卫生。看一看不法商贩，拐骗坑蒙，中药疙瘩（gā da）冒充十三香，吃完肚子疼。

158

学法用法、心明眼亮、提高警惕、永不上当。

G：哎，卖报的……

Z：咋地，你哎啥，跟谁说话呢？

G：跟你。

Z：跟我说话就哎、哎的？

G：咋地吧？

Z：我都有你爹岁数大了。

……

G：我今儿（jīnr）遇见你，就是倒了血霉了。

这就是其中的一段，其中赵本山饰演的卖报人东北口音非常浓烈，让人看完后不禁捧腹大笑。下面是普通话的对照版：

G：走一走、瞧一瞧、看一看啊，上好的十三香了。（唱）小小的纸，它四四方方，东汉蔡伦造出纸张，要问这纸有什么用，听我慢慢说端详……

Z：瞧一瞧、看一看、停一停、站一站，法制报、故事报、新出版的电视报，有传奇、有侦破、有讽刺、有幽默，供欣赏供娱乐，受教育开眼界。看一看十七岁的少女说没就没了，七十二岁的老太太为什么要改嫁……，看一看就知道了。看一看，是谁敲开了寡妇的大门……

G：你老慢着点，再走就踩着人了。

Z：这怎么还冒出来个大活人呢？

G：什么叫冒出来的，我早就来了。

Z：什么时候来的？

G：刚才来的。

Z：干什么来了？

G：卖十三香啊。

Z：不知道这地方有人吗？

G：有人？在哪呢？

Z：在你眼前呢，这地方从去年开始我就承包了。

G：老爷子说话太逗了，这也不是你们家炕头，你说承包就承包啊？

Z：不是，你这人怎么这么跟别人不一样呢？把人家地盘给占了，怎么还不讲理呢？

G：哪儿是你家地盘啊？

Z：就是这个地方，就我画圈的地方就归我。

G：哎哟我的妈呀，画圈就归你？那你要有这两下子，你怎么不上天安门广场画个地盘去？

Z：不是，少废话，这个地方就是我的。

G：捅什么呀，捅撒了花椒面，你赔得起吗？

Z：你怕捅撒，给我挪挪，往那边。

G：往那边挪，那是公共厕所。

Z：那你卖十三香正好，有香又有辣的，什么味都有。

G：你怎么不上那边去卖呀？

Z：你去吧，哼。

G：我不去，我就是不去。

Z：你快点给我挪个地方！你得有个先来后到吧，我昨天就来了。

G：我前天就来了。

Z：我去年就在这个地方卖报。

G：那你要是这么说，我爷爷从光绪年间就在这卖花椒面了。

Z：我卖报是政府批准的。

G：我卖十三香它也是有营业执照啊。

Z：我卖报是宣传改革开放的。

G：我卖十三香也是搞活经济，为人民服务的。

Z：你别总跟我对付，快点挪，你今天不挪明天也得挪。

G：我年前就不准备挪喽。

Z：那你是打算烂在这了。

G：你才烂到这呢。

Z：是不是说好肯定不挪了，我看你怎么不挪的。

G：我看你怎么不挪的，你少往我跟前凑合。

……

Z：你唱的是什么啊，乱七八糟的，你不卖你十三香。

G：我的嘴长在我自己的鼻子底下，我就愿意唱。

Z：那对，长在猫尾巴下边就不是你嘴了。

……

Z：啊！讲法制、讲文明，健康长寿讲卫生。看一看不法商贩，拐骗坑蒙，中药块儿冒充十三香，吃完肚子疼。学法用法、心明眼亮、提高警惕、永不上当。

G：哎，卖报的……

Z：干什么，你哎什么，跟谁说话呢？

G：跟你。

Z：跟我说话就哎、哎的？

G：怎么地吧？

Z：我都有你爹岁数大了。

……

G：我今天遇见你，真是太倒霉了。

这段小品中，有一些唱词，语调类似于东北二人转小调，在词汇上看不出太多东北方言词语，但在语音上却有很重的东北口音，非常有趣。

第五节　现代东北方言作品赏析

方言写作一直没有间断，但纯粹的方言写作并不是很多，东北方言也是如此。下面是署名星卒斋主的作者于 2007 年 7 月 18 日发表在网络上的帖子，名为《东北方言记雪景》，摘录于此，以飨读者。

辽阳那疙瘩吧，这些日子正闹天道，阴势乎拉的，前个儿跟昨个儿不断溜儿地下了老鼻子雪了，连宿搭夜地直闷儿下，粘末头续末尾地，可大扯了。晃常没见过，打小也没听老人叨咕过。

赶早起来一撒眸，我的妈亲！当院、当街白吃各拉地，那家伙，整个浪儿沟满壕平，都起楼子了。干巴拉瞎了一冬，赶这会儿才下雪，这是嘎哈呢？

原本今个儿晌火，相好的说圈拢一竿子"狐朋狗友"下馆子撮一顿，看这阵势大概齐泡汤了。

自个儿正嘀咕呢，就在这节骨眼儿上来电话了，说是去扫雪。这不瞎嘞嘞么？这大雪能扫？纯粹瞎忽悠。反正搁家也是干闲着，那就出去遛遛弯儿，备不信还看看西洋景儿，连捯饬也没捯饬就掐个瘪肚子下楼了。

到外埠一看还真有道眼儿，只是窄巴了点儿。只多穿了一个马甲，没穿棉猴儿，还真有点冷不嗖的，脚下也有些凉了巴叽的。但我没缕会儿，大老爷们嘛！

当院的车都趴窝了，街上的车也给捂住不少。"太嘎了"，我稀罕。没雪那程子，你看把他们得瑟的，开个屁驴子遥夺跑，把当街整个暴土扬场，贼膈应人。这下好，还撩杆子呀，瘪茄子了吧？别看平时装膀挺蝎虎，趁车也架不住雪吧。道边马路崖子上哩溜歪邪地猫了不少车，连班车也撂挑子了。

前晌儿，路上可乱乎了，拢共也没几辆车，就屁崩似的抽冷子有个把的；道两边的门脸都歇菜了，已经鼻子不是鼻子脸不是脸了，白刺拉的雪地里时不时地有点儿红不拉叽的玩艺儿，毛腰一瞅，敢情是风划拉下来的灯笼和对子；天还是灰不溜秋的，有几只老家贼急吃忽拉地飞过，可能是正在掏登食儿呢；人有背包窝伞的，活像是出门儿的。上班的也不和起先一样了，原来捯饬的板板正正，眼末前儿，都穿得鼓鼓囊囊，顺着道眼儿多呵地走。

车猫起来了，人反倒缕缕行行。一个齁喽巴喘的老爷子，你说这天道出来蓥摸啥呀，哈巴哈巴的，抽冷子就摔了个仰巴叉，该说不说，还真不善，自个儿从地上又枝楞起来了。一个愣头青那才叫尿兴，竟敢在这滋溜滑的道上骑洋车子，吱吱地，冷不防就是一个大屁蹲儿，四仰八叉地攮进雪堆里，卡巴裆也挣开线了，摔了个满脸花，坐了约一袋烟工夫，才强呲巴火地立起来，这不是找罗乱么，真有点彪乎的。

我拉忽了，气象部门正在叭叭，说这嘎嘎冷的天道还有一阵子；卫生部门也在那儿闲嘎嗒牙，说这雪能去瘟灾；环保部门也在那垧乱嘚嘚，说雪后空气就不埋汰了；动物部门也跟着胡诌，说这地里的蝲蝲蛄一准冻死；公安部门也来打哈吃凑趣儿，说这天道风贼大，炮仗可别放了。这些都是胡扯六拉拉，净扯哩咯楞儿。只有农业部门没巴瞎，说这雪对春耕太艮儿了。

这话没瞎掰，农家院里保不齐这程子乐颠馅了，不管是老爷们，还是老娘们儿，还是孩崽子，都乐不得地、眼巴巴地在等这场雪。庄稼人一年到头苦巴苦曳地图个嘛？春半季没雨，秋半季就没收成，这是老天爷对咱的恩典。我琢磨，前些日子还五脊六兽没咒念，眼末前儿，乡亲们肯定乐不滋地、醉么哈地喝小酒呢。

日头出来了！

（见 http：//bbs. hongxiu. com/view. asp？BID＝29&id＝3373739）

上面这篇文章基本都是使用东北方言完成的，是很有典型性的一篇方言作品。下面是这段文字的普通话翻译。

辽阳那个地方这些日子天气不好，阴沉沉的，前天和昨天不停地下了很多雪。雪很大，平常也没见过，从小也没有听老人们讲起过。

早晨起来一看，我的妈呀！院子里、街上白茫茫一片。好家伙，到处沟满壕平，有些地方积雪很高，堆在了一起。整整一个冬天都比较干燥，到这时候才下雪，这是怎么说呢？

原来对象说今天中午约一些朋友到饭店聚餐，看这个样子，大概聚餐是聚不成了。

就在我自己正嘀咕的时候，来电话说去扫雪。这不瞎说吗？这么大的雪能扫吗？纯粹是瞎说。反正在家里也没有什么事情，那就出去转转吧，说不定还能看看热闹，连打扮也不打扮了，就饿着肚子下楼了。

到外面一看，还真有一条窄窄的路可以走，就是太狭窄了些。我只多穿了一件马甲，没穿棉大衣，还真有点冷，脚下也有些凉。但我不在乎，大男人嘛！

院子里的车都抛锚了，街上的车也陷住不少。太有意思了，我喜欢。没有雪的那段日子，看把他们显摆的，开个摩托车到处跑，弄得街道尘土飞扬，特别烦人。这回你们还跑啊，不行了吧？别看平时装得很厉害，有车下雪也不能开吧。路边歪歪斜斜地停了不少车，班车也停在那里，没有出车。

上午的时候，路上很乱，一共也没有几辆车，偶尔有公交车通过。道路两旁的店面也都关门了，看起来已经不成样子了。白茫茫的雪地里偶尔露出红颜色的东西，弯腰一看，原来是风吹下来的灯笼和对联；天还是灰蒙蒙的，有几只麻雀急急地飞过，可能是在寻找食物；人有背着行囊的，像是出门。上班的人也和原来不一样了，原来都打扮得整整齐齐，现在都穿得鼓鼓囊囊，沿着狭窄的雪道缓慢艰难地通过。

车都藏起来了，人倒是成群结队，来来往往。人群中还有一个不停咳嗽着的老头，这样的天气您出来干什么呀？他步履艰难地走着，不小心摔了个仰面朝天。你还别说，这老头还挺厉害，竟然自己从地上爬起来了。一个鲁莽的小伙子才叫厉害，竟然敢在这很滑的路上骑自行车，速度很快，冷不丁就摔了一个屁墩，仰面朝天地钻进雪堆里。裤子裆部的线也挣开了，摔得满脸血。他在那里坐了大约一袋烟的工夫，才费了很大劲站起来，这不是找麻烦嘛，真是有点傻乎乎的。

我还真忽略了，气象部门正在讲，这样冷的天气还要持续一段时间；卫生部门也在那儿说这雪能去瘟灾；环保部门说雪后空气就干净了；动物部门说，地里的蝲蝲蛄一定会冻死；公安部门说，这样的天气风很大，就不要燃放爆竹了。这些都是瞎说，没有实际作用。只有农业部门没瞎说，说这场雪对春耕非常有利。

这话一点没错，农家院里的人们这时候大约非常高兴。不论男人还是女人，或者是孩子，都急切地盼望着这场雪。庄稼人一年到头辛辛苦苦为了什么呢？春天的时候不下雨，到了秋天就没有收成。这场雪是老天爷对我们的恩典。我想，前一段时间人们还心神不定，现在大家肯定高高兴兴地喝着小酒，醉意蒙眬。

太阳出来了！

东北还有一些非常有特色的京剧、评剧，在唱词上很多都是传统的曲目，但是在方言词汇、方言语音等方面的运用非常有意思，可以通过京剧、评剧或其他戏种的赏析，来感受东北方言的艺术魅力。东北的二人转、大鼓戏、评书、民间故事、渔民号子以及京剧、评剧都在以其独特的方式传承着东北的文化。它们与其他地方方言的曲艺相比更接近于普通话，一般都能听懂其大概的意思。

东北方言的语言艺术是中国语言百花园中的一朵绚丽奇葩，它以其特殊的表意效果和历史文化价值赢得了大家的赞誉，也将会以其强劲的生命力永久流传。

附录

东北方言常用词语

词语	拼音	释义	例句
挨班儿	āibānr	按次序，也说"挨排儿"	挨班儿过来，不要挤。
挨靠	āikao	安排，筹划	做事总得有个挨靠。
盎	nàng	数量大且稠密	庄稼太盎了，应该减减苗了。
懊糟	āozao	心里不痛快，苦闷	别懊糟了，出去走走吧。
巴巴	bāba	说话（含贬义）	哪里有你巴巴的，给我一边眯着去。
笆篱子	bālízi	监狱	就你这德性，将来还不得蹲笆篱子去！
叭瞎	bāxiā	无根据地乱说	别叭瞎，我根本就不认识他。
拔	bá	使之凉	快把西瓜放水盆里拔一下。
拔	bá	特别，非常	这炕好几天没烧了，一摸拔凉拔凉的。
跋蛰	bàzha	乱踩	别老去泥里瞎跋蛰去。
把不过蔴来	bǎbuguò málai	控制不了局面；忙不过来	这边喊，那边叫，简直是乱了套，把不过蔴来啦。
罢了	bàliǎo	表示不满意的语气	你呀，真罢了，连个口信都捎不全。
罢园	bàyuán	瓜菜等结果期结束，拉秧	茄子、芸豆都快罢园了吧？

168

掰不开镊子	bāibùkāi nièzi	分辨不清，糊涂	他一遇上事就掰不开镊子。
掰扯	bāiche	①剖析，分析 ②说理，辩论	①这事我们可得好好掰扯掰扯。②他敢造谣，我找他掰扯掰扯去。
白话	báihua	①谈讲 ②说大话，吹牛	①我白话了这么长时间，耽误您事了吧。②没事别老听他瞎白话。
白愣	báileng	瞪	他回头白愣了我一眼。
白瞎	báixiā	①可惜 ②白白浪费	①这么好的机会浪费了，白瞎啦。②别老白瞎钱。
般般大	bānbāndà	年龄不相上下	般般大的同学都出息了，我还窝着呢。
板	bǎn	①纠正或改正 ②控制、忍受	①我就得板板你的猴脾气。②他终于板不住了，大声喊了出来。
半语子	bànyǔzi	言语功能有障碍的人	好不容易碰到一个人，还是个半语子。
帮虎吃食儿	bānghǔchī shír	替人做坏事	帮虎吃食儿咋的，你能把我怎么样？
绑丁	bǎngdīng	持续，不间断	她绑丁哭，我也劝不了。
棒槌	bàngchui	人参	现在进山挖棒槌的人少了。
傍啥泅啥	bāngshá yīnshá	近朱者赤，近墨者黑	我娘说："傍啥泅啥。"

棒子	bàngzi	瓶子	打了一棒子酒,他就直接回走了。
包	bāo	赔偿	什么破宝物,明儿个买十斤包你们。
包了儿	bāoliǎor	①全部买下②全部承担③全部吃掉	①再便宜点儿,我就都包了儿。②你们走吧,这点活我包了儿。③你们都不吃,我可一个人包了儿了。
薄扇儿的	báoshānr de	比较薄	天头不冷,可以穿个夹袄,薄扇儿的多轻巧。
保定	bǎodìng	保证	谁也不能保定两块儿石头一样。
保靠	bǎokào	稳妥可靠	找个人保靠吗,不行再找一个。
暴土	bàotu	飞扬的尘土	漫天灰尘暴土的,别出去了。
暴土扬场	bàotǔyáng cháng	尘土飞扬	屁驴子一过,满街都是暴土扬场的。
背包儿摞伞	bēibāor luòsǎn	大大小小的东西很不整齐的样子	一到大年初二,人们就背包儿摞伞地去拜年了。
背服	bēifu	佩服、服气	我真背服他,这么冷的天,还要单儿。
呗咕儿	bēigur	死了(含贬义)	我要把那药吃了,早就呗咕儿了。
备不住	bèibuzhù	可能;也许	我总寻思她岁数大了,备不住就改了。
背旮旯儿	bèigālár	偏僻无人的角落	钱揣住了喽,点钱找个背旮旯儿。
背兴	bèixìng	倒霉,背时	今天真背兴,东西没买着,钱包还丢了。

170

本当	béndang	①指人本分，稳重 ②老实	①人家小伙子可都喜欢本当的姑娘。 ②我还是本本当当地学习吧。
笨笨痴痴	bènbènchī chī	说话不连贯，动作不灵活	你没看那个样儿，长得挺磕碜不说，说话还笨笨痴痴的。
笨手拉脚	bènshǒu lājiǎo	行动不敏捷、不灵活	你瞅他笨手拉脚的样，还跳舞呢!
崩	bēng	顶撞，训斥，闹矛盾，破裂	两个人就这样谈崩了。
鼻儿	bír	哨子一类的东西，汽笛	火车拉鼻儿了。
鼻子不是鼻子，脸不是脸	bízibùshì bízi，liǎnbùshì liǎn	生气发脾气的样子	我自打回家以后，爹就鼻子不是鼻子，脸不是脸的。
笔杆儿溜直	bǐgānrliū zhí	笔直	这地方的树都长得笔杆儿溜直的。
编笆	biānbā	编假话，胡乱说	编笆，我什么时候去过你家。
编排	biānpai	无根据地乱说	他把同学从跟到梢编排了一顿。
憋拉巴屈	biēlābāqu	①地方狭窄，也作"憋屈巴拉" ②不舒服，不舒畅	①这屋子太小，憋拉巴屈的。 ②日子过得憋拉巴屈的。
别脚	biéjiǎo	交通不方便	这地方太别脚了，我找了半天才找到。
别劲儿	biéjìnr	闹对立，不顺利	他俩总是别劲儿。

宾服	bīnfu	佩服	我们这些人中我最宾服你。
病秧子	bìngyāngzi	常有病的人	他是个病秧子。
拨一拨转一转儿	bōyìbō zhuànyī zhuànr	没有主动性，靠别人指使才做某事	你呀，真是拨一拨转一转儿。
脖溜儿	bóliūr	耳光	他一气之下骂了起来，让人家当场扇了一顿大脖溜儿。
卜愣	būleng	晃动，摆动，也作"拨浪""拨拉"	没事儿别老卜愣脑袋。
不大离儿	bùdàlír	①一般情况下②可以，比较令人满意	①这地方老偏了，不大离儿谁上这买药。②这么整嘛，还不大离儿。
不带	búdài	不许，不能	咱们玩倒可以，但不带要赖的。
不顶愣	bùdǐnglèng	不中用，不起作用	这小子一点也不顶愣，什么事都办不好。
不懂嘎儿	bùdǒnggár	不懂什么	二八月的庄稼人，你一点也不懂嘎儿。
不断溜儿	búduànliùr	不间断，也说"不断纤儿"	来旅游的队伍不断溜儿，一队儿接一队儿的。
不够人儿	búgòurénr	令人不满意	这事整的，弄得我两头不够人儿。
不见起	bújiànqǐ	不一定	他能考上大学？我看不见起。
不开面儿	bùkāimiànr	不给面子	别不开面儿，界比邻右的，多不好。

不老少	bùlǎoshǎo	很多	他身上的毛病可不老少，离远着点。
不离儿	bùlír	①不错②时常	①这个家伙事真不离儿。②他也不离儿会谈谈文学啥的。
不捋这份儿胡子	bùlǔzhèifènrhúzi	不管这一套	他是他，我们是我们，不捋这份儿胡子。
不善	bùshàn	很可观，非同寻常，也说"不善乎"	这你都扛得动，可真不善。
不识闲儿	búshíxiánr	闲不住，也作"不失闲儿"	别成天不识闲儿，就不能规矩点。
不吐口儿	bútùkǒur	不答应，不表态	就是你大哥不吐口儿。
不许乎儿	bùxǔhùr	不留意，不放在心上	这事谁都不许乎儿，结果造成这样大的损失。
不咋的	bùzǎdì	不怎么样，不太好	年轻人当猪倌准是不咋的。
不着调	bùzháodiào	不正经，不务正业	二十多岁了，还不着调。
不着边儿	bùzháobiānr	不切实际，离题太远	你讲的这些话都太不着边儿，谁愿意听。
碴拉	chála	①形容人做事爽快，利索②胆大、厉害	①他做什么事都碴碴拉拉的。②那个丫头可是个碴拉的人。
岔劈	chǎpi	搞错，弄混	这事你得好好办，别弄岔劈了。
差老成色了	chàlǎochéngsèle	差得很远，无法相比	往年和今年一比那可差老成色了。

173

长毛搭撒	chángmáo dāsā	头发长，不整洁的样子	会亲家，这长毛搭撒的可不讲究。
吵吵	chāochao	生气大声吵嚷，许多人乱说话	别吵吵了，老师来了!
吵吵叭火儿	chāochao bahuǒr	大声吵嚷，也说"吵儿叭喊""吵儿叭火"	你听外面吵吵叭火儿，干什么呢?
朝面儿	cháomiànr	露面，见面	你这样总不朝面儿也不是个办法啊。
车轱辘话	chēgúlu huà	重复、絮叨的话	麻溜的，别老是讲车轱辘话。
扯肠子挂肚子	chěcháng ziguàdǔzi	牵肠挂肚	家里这点事用不着你扯肠子挂肚子的。
扯大彪	chědàbiāo	扯闲话	妇女们到一块儿，一天净扯大彪。
扯老婆舌	chělǎopo shé	背后传话，挑拨是非，也说"扯舌头"	没事净扯老婆舌，烦不烦人。
扯哩哏儿楞	chělígenr lēng	闲扯，胡扯	你小子，少给我扯这套哩哏儿楞。
抻心	chēnxīn	对别人的言行表示疑惑或不满	我不应该这样做，同志你千万别抻心。
趁	chèn	①经济上富有 ②配	①人家每个人都趁一辆小汽车。②你那埋汰样穿这么好的衣服趁吗?

趁是的	chènshìde	的确如此，不必怀疑	趁是的，上个月儿子探家亲口讲的。
撑不起架儿	chēngbùqǐ jiàr	能力差，性情懦弱，遇事不能做主	别说了，还不是他撑不起架儿。
诚的	chéngde	确实，也说"诚是""成价"	这腿盘一会儿，还诚的发轴呢。
成天价	chéngtiān jià	整天，也说"朝天""朝天价"	成天价跟我讲这些大道理，谁不烦？
程子	chéngzi	一段时间	这程子他老也不来了，是不是有什么事？
吃饱撑的	chībǎo chēngde	埋怨别人多管闲事	说我们不干活，纯粹是吃饱撑的。
吃不准	chībùzhǔn	难以估计，摸不清	你到底干啥的，真叫人吃不准。
吃错药	chīcuòyào	比喻思想、认识等糊涂	吃错药了吧，你？操我干啥吧？
吃瓜落儿	chīguālàor	比喻受牵连，也作"吃挂落儿"	你要是出了事，大家不都得跟你吃瓜落儿啊？
眵目糊	chīmehu	眼屎	什么洗干净了，眵目糊还在呢。
吃晌儿	chīshǎngr	吃中午饭	快走，赶紧家去吃晌儿了！
抽巴	chōuba	①东西久放因失水而干缩②比喻因收缩而不平展，有褶子	①质量还好呢，一洗都抽巴成这样了。②别把好好的信纸弄得抽抽巴巴的。
抽抽儿	chōuchōur	①枯萎，萎缩②收缩到一起	①温度一高，刚长出没多久的西瓜就全抽抽儿了。②他一犯病胳膊腿就抽抽儿。

抽筋儿扒骨儿	chōujīnrbā gǔr	很勉强的	抽筋儿扒骨儿地读完小学就不念了。
瞅空儿	chǒukòngr	看着有时间	你先自己鼓捣着，瞅空儿我去一趟。
臭哄	chòuhong	挑唆，唆使	你敢臭哄狗咬人，我就弄死它。
出菜	chūcài	比喻拿出成果	好好画啊，大家都等你出菜呢。
出溜儿	chūliur	①滑行②走动，游逛	①一不小心就从山上出溜儿下来了。②别老前后院的出溜儿。
出说儿	chūshuōr	出现令人不愉快的事情或说法	办事都图个顺当，谁都不希望出说儿。
杵	chǔ	①立、站②比喻碰到紧急情况没主意	①别光在那儿杵着，快帮帮忙啊。②没出事都有章程，等出了事都杵了。
杵倔横丧	chǔjuéhèng sàng	说话非常粗鲁，态度特别生硬	成天杵倔横丧的，谁欠你钱咋地？
欻尖儿卖快	chuǎijiānr màikuài	事事都想出风头，想压倒别人	欻尖儿卖快，讨人厌恶。
串弄	chuānnong	①说劝②挑唆	①好好串弄串弄他，他能听进去的。②都你串弄的，要不他们能打起来？
吹乎六角	chuīhuliù jiǎo	吹牛	成天吹乎六角的，你可别信他的话。
吹牛腿儿	chuīniútuǐr	说大话，吹牛	除了整天吹牛腿儿还能干什么？
呲嗒	cīda	斥责、挖苦	别没事就呲嗒人，不什么好习惯。

刺儿拉嘎叽的	cìrlāgājī de	任性，不好对付	这个人刺儿拉嘎叽的。
刺儿头	cìrtou	难以对付的人	他就是个刺儿头，得好好修理修理。
粗不伦墩	cūbulún dūn	形体肥胖	粗不伦墩的日本军官一出现，大家就骂起来。
皴	cūn	皮肤上积存的污垢	脚上都长皴了，快好好洗洗吧。
寸	cùn	巧合，凑巧	你说怎么那么寸，赶集碰上我同学了。
搓磨	cuómo	①揉搓 ②折磨	①他低头不吱声语，两只手互相搓磨着。②没事搓磨人好玩啊？
矬	cuó	个子矮	长得矬也不是我的错啊！
矬不墩	cuóbudūn	又矮又胖的样子，也说"矬不伦墩""矬古伦墩"	矬不墩的个儿，大嘴叉子，难看着呢！
错非	cuòfēi	除非	错非你亲自去请，要不人不能来。
搭咯	dāge	①联系 ②理睬，交往，	①帮我搭咯搭咯，不行就算了。②以后少搭咯他，不什么好东西。
搭脚儿	dājiǎor	免费搭乘车船	有时候碰上好运气，还能遇上车搭个脚儿。
答对	dáduì	①接待，对待 ②打发，应付	①你坐下，站着的戚不好答对。②答对完孩子就赶紧上班了。

打暗儿上	dǎànr shàng	未经商量或允许就做某事，也作"搁二上"	也没跟我吱声，打暗儿上就把我的地给卖了。
打不开点儿	dǎbùkāi diǎnr	吃紧，忙不过来，也说"打不开捻儿"	要不是实在打不开点儿，我好意思借钱？
打从	dǎcóng	自从	他打从十五岁就在这里做生意了。
打提溜	dǎdīliu	人或动物凭借其他物体使自身悬垂或悠荡起来	在这么小的树上打提溜，多悬哪！
打呼噜语儿	dǎhūluyǔr	不正面回答，闪烁其词	别跟我打呼噜语儿，还不敢说咋地。
打滑刺溜儿	dǎhuácī liur	顺着水面或斜坡滑行	冬天在冰上打滑刺溜儿，可好玩呢。
打壳儿	dǎkér	顶用，有用，也作"顶壳儿"	这破玩意儿，一点也不打壳儿。
打狼	dǎláng	落在最后	不好好学习，就等着打狼吧。
打恋恋	dǎliānlian	频繁地接触、来往	跟他打恋恋，有你的亏儿吃。
打溜须	dǎliúxū	奉承，讨好	他没有别的能耐，就知道送礼打溜须？
打马虎眼	dǎmǎhu yǎn	以假象蒙混骗人	别跟我打马虎眼，我可不是三岁孩子。
打磨磨儿	dǎmòmor	急得不知所措、坐立不安的样子	遇事就知道着急，打磨磨儿，有什么用？

打蔫儿	dǎniānr	①植物因缺水而枯萎②精神萎靡	①太阳一上来，高粱叶子就打了蔫儿。②成绩一考不好，他就打了蔫儿。
打耙	dǎpá	变卦	一听说还要交税，他就打耙了。
打破楔儿	dǎpèxiēr	努力阻止而使事情不成功	别净干那些打破楔儿的事。
打起根儿	dǎqǐgēnr	从一开始	打起根儿他就没看上过你。
打人儿	dǎrénr	动人	还别说，这么一捯饬，还挺打人儿。
打扫	dǎsao	把剩余的食物或饮料吃光或喝光	这点菜不值得留，你都打扫了吧！
打头儿	dǎtóur	从头	失败了不要紧，咱们再打头儿来。
打小儿	dǎxiǎor	从小时起，也说"打一小儿"	这孩子打小儿就不爱吃蔬菜。
打哑巴禅	dǎyǎba chán	故意装不懂，一再纠缠	啥时候了，还跟咱们打哑巴禅。
打腰提气	dǎyāotíqì	撑腰，鼓劲儿	这回你什么都不怕了吧，有给打腰提气的了。
打早	dǎzǎo	很久以前	打早他就惦记着你家的房基地了。
大扯	dàche	更厉害	东西丢就丢了，别把事弄大扯了。
大大咧咧	dàdàliēliē	形容随随便便，毫不在意，也作"大大乎乎"	大姑娘家，别成天大大咧咧的。

大大落落儿	dàdàluòluòr	大大方方	出外办事得大大落落儿的，别缩头缩脑的。
大面儿上	dàmiànrshàng	面子上，表面上	可咋地大面儿上你也得让人过得去啊。
大喷儿	dàpēnr	指植物的果实大量成熟	豆角子等大喷儿下来时就便宜了。
大雪泡天	dàxuěpāotiān	下大雪的天气	这大雪泡天的，你还要到哪去？
呆呆儿的	dāidāirde	平白无故	呆呆儿的你哭什么？
带才	dàicái	忍让别人	你是哥哥，比他大，应该带才。
待搭不理	dàidabùlǐ	不愿意理睬人，也说"待搭不希理的"	"没您的事"，他待搭不理地说。
带带拉拉	dàidàilāla	断断续续	她也上过一点学，就带带拉拉地学了一年。
带劲儿	dàijìnr	①像样子，漂亮②应该	①穿上这身衣服，甭提多带劲儿了。②拜年就拿这点礼物也不带劲儿呀。
待死不活的	dàisǐbùhuóde	没有精神、劲头的样子，也作"待死不拉活的"	别待死不活的，就不能精神点？
胆儿突的	dǎnrtūde	害怕，畏怯，也作"胆儿突突的"	大伙选我当主任，我还真胆儿突的。
当不当正不正	dāngbudāngzhèngbuzhèng	位置不当，影响别人行动	这箱子放得当不当正不正的，多绊脚。

挡不住	dàngbuzhù	避免不了，也说"挡不了"	办这事，谁也挡不住出差错。
当是	dàngshì	以为	我当是怎么了呢，不就是没考好吗？
档子	dàngzi	量词	我跟你实话吧，根本就没那档子事。
叨扯	dáoche	嘟囔	他一边走，一边嘴里还不停地叨扯。
捯饬	dáochi	打扮	人啊，还是得捯饬捯饬。
捯登	dáodeng	胡乱翻找	你瞎捯登什么，弄得满屋乱七八糟的！
捯不过蔴来	dáobuguò málai	忙活不过来	活多人少，都有点捯不过蔴来了。
捯钱	dǎoqián	找回剩余的钱	别光说话啊，赶紧倒钱啊。
倒牙	dǎoyá	吃了酸的东西，牙神经受刺激	这杏可吃不了，吃了就倒牙。
道道儿	dàodàor	主意，办法	有事就找他，道道儿可多呢。
倒倒脚儿	dàodao jiǎor	八字脚的一种，走路时脚后跟用劲	这个人走路倒倒脚儿，太难看了。
到头不到脑	dàotóubú dàonǎo	没头没脑	他到头不到脑地说了什么，谁都不懂。
嘚嘚	dēde	说话絮絮叨叨	有事说事，瞎嘚嘚啥？
嘚嘚嗖嗖	dēdesēsē	（举止）不稳重，爱在别人面前表现	成天嘚嘚嗖嗖的，谁能稀罕他。

嘚嗖	dèsou	①说（含贬义）②拿（含贬义）	①没等别人说，他自己就嘚嗖出来了。②别老往家嘚嗖东西啦。
得了把	délebǎ	得了机会	当了队长，他这才得了把。
得意	déyi	喜欢；重视	没问题，你不得意我给你换一个。
腻肋	tě（de）le	不整洁，不利索	你这个人太腻肋了。
得亏	děikuī	幸亏	得亏我没去看电影，要不就误了大事了。
得烟儿抽	děiyānr chōu	得势，吃得开	多少年没得烟儿抽，这回他可大发了。
登登的	dēngdēng de	（形容走路）有力	别看他都七十了，走路还登登的呢。
登硬	dēngyìng	很坚硬	这果子别吃了，登硬，嚼不动啊。
提溜	dīliu	①提，拉 ②担心	①别在地上拉着，提溜起来。②他站在楼顶，我心都提溜到嗓子眼了。
地根儿	dìgēnr	从来，也说"地起根儿"	哪有元宝，地根儿就没有过。
颠跶	diānda	颠簸	车一进山道就颠跶起来，我都迷糊了。
颠憨	diānhān	装傻（骂人话）	别颠憨，我什么时候骂过你。
颠儿颠儿的	diānrdiānr de	走路很快，近乎于跑的样子	小小子一听爸爸叫，就颠儿颠儿地跑过来了。
电棒儿	diànbàngr	手电筒	下黑儿出去带了电棒儿，省得看不着。

垫牙词儿	diànyácír	（用来讨论的）话柄	事办不成不要紧，别给那些人留了垫牙词儿。
跌跟头打把式的	diēgēntou dǎbǎshide	比喻办事情费了好大的劲，也说"跟头把式的"	跌跟头打把式的干了三年，终于有点模样了。
丁巴儿	dīngbār	一直，总是	这几天丁巴儿下雨，老咯应人了。
丁价儿	dīngjiàr	一直不间断地，也说"丁坑儿""丁门儿"	打那以后，他一点点地进步了，丁价儿上班。
顶楞	dīnglèng	有用，顶用	还说好使呢，一定都不顶楞。
定砣儿	dìngtuór	决定下来	事不定砣儿，这心放不下啊。
东扯葫芦西扯瓢	dōngchěhú luxīchěpiáo	不着边际地闲扯	东扯葫芦西扯瓢地唠了半天，一句正经的没有。
东扯西拉拉	dōngchěxī lála	漫无边际地乱说	你别在这儿东扯西拉拉了，谁听啊？
动动儿	dòngdòngr	动不动，也说"一动儿"	她动动儿说人家咒她死。
动真章儿	dòngzhēn zhāngr	来真的，也说"较真章儿"	不给他动真章儿，他就不知道我是谁！
兜头盖脸	dōutóugài liǎn	从头到脸	刚走到楼下，就被兜头盖脸地浇了一身水。
逗乐子	dòulèzi	开玩笑，引人发笑	不当真，没事闲逗乐子呢。
嘟拉脸子	dūlaliǎzi	生气脸拉长的样子	别天天跟我嘟拉脸子，欠你钱咋地。

赌气嚷腮	dǔqì'nāng sāi	生气	他气吭吭地点着烟,然后赌气嚷腮地连抽了好几口。
堆堆拉拉	duīduīlālā	非常多	院子四周的垃圾,堆堆拉拉,很埋汰。
堆随	duīsuì	因恐惧受惊吓或受冻而浑身打战	那边炮声一响,他就堆随了。
对撇子	duìpiězi	方向正确,情投意合	我们哥俩虽说处得不长,还挺对撇子!
多咱	duōzan	从来,表示时间久	咱干这活,多咱出过错?
鹅涟	élìn	汗渍	你那衣服怎么整的,都是鹅涟。
恶拉巴心	ělabāxīn	恶心	这椅子恶拉巴心的,还坐呢!
二八月庄稼人	èrbāyuè zhuāngjia rén	对农活似懂非懂的人	二八月庄稼人,连个垵子都刨不齐。
二把刀	èrbǎdāo	一知半解,技艺不精的人	还以为找了个行家呢,原来是个二把刀。
二不愣登	èrbulēng dēng	傻里傻气	瞅他那二不愣登的样,看着就恶心!
二二乎乎的	èrèrhūhū de	犹犹豫豫,迷迷糊糊	你二二乎乎的,信我话,没错儿。
二马天堂	èrmatiān tǎng	糊里糊涂	二马天堂地转了一大圈,什么也没看着。
二意忽忽	èryìhūhū	三心二意,犹豫不决,也说"二意思思"	他说是要来,但二意忽忽的,我也不敢确定。

发背	fābèi	（耳朵）有点聋	人老了，耳朵有点发背。
发苶	fā'nié	精神萎靡不振	我看他这两天有点发苶，准有心事。
翻皮打脸的	fānpídǎliǎnde	翻脸，生气	动不动就翻皮打脸的，哪像个爷们儿。
翻身落滚的	fānshēnlàogǔnde	身子来回翻滚的样子	下手真狠，把个孩子打得翻身落滚的。
翻小肠儿	fānxiǎochángr	算小账	她就是爱翻小肠儿，很咯应人的。
反肠子	fǎnchángzi	反悔	一次一次地反肠子，没个准儿。
防后手儿	fánghòushǒur	为防备以后有困难而留一手	人老了，干不动了，留几个钱防防后手儿。
放山	fàngshān	进山挖人参	原来放山的人一挖到人参就要行大礼的。
啡哧啡哧的	fēichifēichide	生气时粗声喘气的样子，也说"啡儿啡儿的"	他一屁股坐在木头方子上，啡哧啡哧地出起大气来。
肥粗老胖	féicūlǎopàng	又粗又胖	她呀，肥粗老胖的有啥病？
费劲巴力	fèijìnbālì	花费很大的精力或气力	费劲巴力干了一年，狗屁没剩下！
废物点心	fèiwudiǎnxīn	讽刺无能的人	这都不会，就是个废物点心。
分不开档儿	fēnbukāidàngr	分不清楚	好坏都分不开档儿，还灵呢。

粉嘟噜儿	fěndulūr	粉红色，也说"粉嘟噜"	粉嘟噜儿的脸蛋招人稀罕。
浮溜溜儿	fúliūliūr	液体要溢未溢出的样子	缸里的水倒得浮溜溜儿的，不能再倒了。
浮悠浮悠儿	fúyōufúyōur	物体轻微飘荡移动的样子	风吹过湖面，水面就浮悠浮悠儿直动。
嘎巴	gāba	①黏的东西干后附着在器物上 ②嘴一张一合说不出话的样子	①饭粒都嘎巴在锅底上了。 ②她干嘎巴嘴说不出话。
嘎巴溜脆	gābaliūcuì	举止言谈爽快利索，也说"嘎巴溜丢脆"	他家小子说话办事嘎巴溜脆，哪个姑娘不稀罕。
嘎码儿的	gāmǎrde	东西	换新房子了，咋也得添点嘎码儿的?
嘎儿嘎儿新	gārgārxīn	特别新	刚从银行取的票子，嘎儿嘎儿新。
乍拉咕东的	gǎlagūdōngde	调皮淘气又聪明机灵的样子	这小孩乍拉咕东的，老有意思了。
该着	gāizháo	命该如此	该着我破财，牲口又丢了。
干巴疵咧	gānbacīliē	失去水分变得干硬	一到冬天，嘴唇就干巴疵咧的。
干巴拉瘦	gānbalāshòu	干瘦	那个人平头，干巴拉瘦，还有点驼背。
干巴拉瞎	gānbalāxiā	人或动物干瘪、瘦弱	他家也养了一条狗，不过干巴拉瞎的，难看死了。
敢自	gǎnzi	敢情	你要是能亲自去，那敢自好!

杠烟儿起	gàngyānr qǐ	烟尘非常大	教室里是土地，一扫就弄得杠烟儿起。
疙瘩溜秋	gādaliū qiū	不平，有疙瘩	我们那疙瘩管蟾蜍叫赖赖毒，满身疙瘩溜秋的，挺咯应人。
搁二上	gēèrshang	趁机、顺便	没经我同意，他搁二上就做主了。
隔长不短	gécháng bùduǎn	间隔时间不长	种子下地了，隔长不短还得看看去。
格格扬扬	gēgeyāng yāng	许多虫子蠕动的样子	满地不知道啥虫子，格格扬扬看不出个数。
隔路	gélù	特殊，与众不同，也说"隔色"	你这个人哪，可真隔路！
掰亲家	gáqìnjia	男女双方两家结为亲家	你跟他掰亲家呀，不靠谱。
隔眼	géyǎn	性格怪僻，不合群	别那么隔眼，大家一起玩多好啊。
各个儿	gègěr	自己	这事我各个儿去就行了，用不着你们。
硌叽	gèji	争执不休	也没有什么大事，就成天和我硌叽。
硌拉巴生的	gèlabā shēngde	①（饭煮得）半生不熟的，也说"硌拉硌生的"②关系不协调，别别扭扭	①这饭煮的，硌拉巴生的，没法吃。②你们俩总是硌拉巴生的，因为啥事呀？
个人	gèyin	自己	个人的事个人做，别老求人。
艮叽叽	gěnjījī	坚韧，不脆	这东西咬起来艮叽叽的，不好吃。

梗梗	gènggèng	脖子挺着	他涨红了脸，梗梗着脖子，在那跟我叫嚣。
梗梗儿	génggéngr	不好对付的人	他是这一带有名的梗梗儿，不好惹的。
弓肩子	gōngjiānzī	驼背	昨个在街上碰到一个弓肩子，骂骂咧咧的。
公母俩	gūmuliǎ	夫妻二人	年轻时总打，现在老公母俩可好了。
勾搭连环	gōudaliánhuán	勾搭，勾结	成天价跟小流氓勾搭连环，还有个好！
勾嘎不舍	gōugābùshě	吝啬，什么也舍不得	跟他借钱啊，勾嘎不舍的，他能借给你？
狗咬吵吵	gǒuyǎochāochāo	形容狗叫、人吵的混乱样子	成天狗咬吵吵的，就不能消停会儿。
够一说儿的	gòuyīshuōrde	该挨批评，多表不满、埋怨	你这一出也真够一说儿的。
蛄蛹	gùyong	蠕动	别瞎蛄蛹，一会儿掉下去咋整？
鼓耳挠腮	gǔěrnáosāi	心烦意乱，没着没落的样子	一天不去看孙子，就觉着鼓耳挠腮的。
鼓秋	gǔqiu	摆弄，鼓动，挑拨	要不是你瞎鼓秋，他俩能打起来？
故故鸟儿	gūguniāor	坏主意	别看他表面上像个人似的，心里老多故故鸟儿了。
挂不住劲儿	guàbuzhùjìnr	因羞辱而沉不住气	你不能这么说她，搁谁都挂不住劲儿。

拐拉拐歹	guǎilaguǎi dai	一种特别难闻的味	什么破玩意儿，拐拉拐歹的，扔了吧？
光不出溜儿	guāngbu chūliūr	身上赤裸裸的	一到夏天，这些孩子就都光不出溜地跳河里游泳去了。
鬼么撒眼儿的	guǐmesā yǎnrde	小孩机灵聪明的样子；也指奸猾，坏主意多	那个小孩长得鬼么撒眼儿的，怪招人稀罕的。
鬼头蛤蟆眼儿	guǐtouhá moyǎnr	人长相难看；奸滑，可恶	长得鬼头蛤蟆眼儿的，还想吃天鹅肉。
锅出溜儿	guōchūliur	类似饼的面食	晚上大娘要给我们做锅出溜儿吃。
过劲儿	guòjìnr	①不起作用，失效②了却，忘却	①药一过劲儿，他就疼得满地打滚。②这事都过了多长时间了，该过劲儿了。
蛤蟆骨朵	hámagù duo	蝌蚪	满水坑都是蛤蟆骨朵，看着就麻应人。
哈唬	hǎhu	吓唬	他胆子小，一哈唬就可能招了。
哈巴	hàba	行动缓慢摇摆的样子	走起路来哈巴哈巴的，挺招乐。
憨不登儿的	hānbudēng rde	①人长得有点傻气的样子②东西做得不精致	①瞅他那憨不登儿的样，也聪明不哪去。②这鞋憨不登儿的，难看死了。
含大糊吃的	hándahū chīde	马虎、粗心	别整天含大糊吃的，就不能认真点！
罕模样儿的	hǎnmo yāngrde	无缘无故的	罕模样儿的就胃疼，你去看看吧。

汗巴流水儿的	hànbaliú shuǐrde	汗淋淋的样子，也说"汗马流水儿的"	天太热了，没走几步就汗巴流水儿的。
行大忽扇儿的	hángdahū shānrde	不结实，不牢固，马上要坏的样子	围栏行大忽扇儿的，风大点都能吹倒。
好信儿	hàoxìnr	好奇、好问	这个老爷子，真好信儿。
喝赤带喘	hēchidài chuǎn	呼吸急促	两圈跑下来，就喝赤带喘的。
合着	hézhe	表示情理明显，不必怀疑的语气	合着你是啥钱都不出啊，不够意思。
狠歹歹地	hěndāidāi de	恶狠狠地，也说"狠叨叨地"	他狠歹歹地把碗摔在地上。
恨人	hènrén	可恨	这孩子太恨人了，你好好说说他。
横扒竖挡	héngbāshù dǎng	极力阻挡，也说"横拉竖挡"	我想去上海，他都横扒竖挡地不让去。
猴头巴脑的	hóutoubā'nǎode	瘦小难看	这孩子小脑瓜，尖下颏，猴头巴脑的。
忽咧儿忽咧儿	hūliērhū liēr	飘动的样子	弄张纸条挂在窗户上，风一吹就忽咧儿忽咧儿地动。
胡扯六拉	húchèliùlá	胡说八道，也说"胡扯六拉拉"	成天就知道胡扯六拉，正经事一点儿不干。
胡吃海塞	húchīhǎi sāi	胡乱地大吃大喝	好好管管你的孩子吧，成天胡吃海塞的，怎么行啊。
囫囵半片	húlunbàn piàn	不完整，不系统	磨叽了半天，还是说得囫囵半片的。

胡诌八扯	húzhōubā chě	随口瞎编，也说"胡诌八咧""胡诌白咧"	不许胡诌八扯。
胡子拉碴	húzilāchā	长时间不刮脸不理发的样子，同"胡子拉撒"	把脸好好收拾收拾，胡子拉碴的，什么玩意儿。
虎巴儿的	hǔbārde	傻	你虎巴儿的跑这来干什么?
虎车车的	hǔchēchē de	缺心眼儿，傻，同"虎拉光叽"	虎车车的你，他让你干你就干啊!
护犊子	hùdúzi	过分溺爱子女，袒护子女的缺点	他这个人最护犊子，孩子一点亏吃不得。
花茬儿	huāchár	时常，不时地，同"晃常儿"	她花茬儿就会来这里看一看。
花花儿	huāhuar	①内容复杂②作风不正派	①别唱了，这歌太花花儿了。②这个人真花花儿，竟想歪歪道。
灰土盖脸儿的	huītugài liǎnrde	满头满脸沾满尘土的样子，同"灰头土脸儿的"	你干什么去了，弄得灰土盖脸儿的。
攉攉	huòhuo	弄（含贬义）	别满街乱跑，把衣裳攉攉得埋埋汰汰的。
攉弄	huōlong	①搅拌 ②搅扰③挑唆，同"攉拉""攉喽"	①哎，你，把药桶帮我攉弄一下。②夜里老是咳嗽，把孩子都攉弄醒了。③要不是你瞎攉弄，他俩能分吗?
犄角旮旯儿	jījiǎogālár	所有的角落，泛指各处，同"叽里旮旯儿"	犄角旮旯儿地到处都翻遍了，没有啊!

犄拉拐弯儿	jīlaguǎiwānr	弯弯曲曲	一进山，道就变窄了，还犄拉拐弯儿的。
鸡生格斗	jīshēnggédòu	因有隔阂而争吵	邻里关系不怎么好，整天鸡生格斗的。
急赤白脸	jíchìbáiliǎn	生气、发怒，也说"急头白脸"	瞅瞅你，干啥急赤白脸的，有事慢慢说呗。
急皮酸脸	jīpísuānliǎn	发急或发怒，脸色极不愉快，也说"急头酸脸"	别跟我急皮酸脸的，有点样行不行？
加钢儿	jiāgāngr	从旁帮腔、协助	他虎着脸在一旁加钢儿，说："该，该!"
假白	jiǎbai	虚伪，虚假，也指过分客气	你跟我还假白啥，多少年哥们儿啦！
假假咕咕	jiǎjiǎgūgū	虚假，不真实	这孩子咋还假假咕咕的呢？
假门假势	jiǎménjiǎshì	装模作样的	还假门假势地说买房子，都是骗人的。
尖嘴巴猴儿	jiānzuǐbāhóur	长得瘦而难看，同"尖嘴猴腮"	这个人长得尖嘴巴猴儿的。
尖嘴猴舌儿	jiānzuǐhóushér	会耍嘴皮子	好啊！你尖嘴猴舌儿地就是气人呗！
贱嗖嗖的	jiànsōusōude	举止言行不自量，轻浮，同"贼拉巴嗖的"	瞧他那贱嗖嗖的相，看着就恶心！
见起	jiànqǐ	可能	我看啊，他不见起知道这件事。
见天	jiàntiān	每天，同"见天价"	见天为这点事叨叨，也不嫌烦人。
将巴儿	jiāngbār	勉强	这月生活费少了，将巴儿够用。

将将儿	jiāngjiāngr	刚刚，刚好	干了一年多活，赚点钱将将儿够买车票的。
犟眼子	jiàngyǎnzi	固执的人，同"犟巴头"	你这老犟眼子，就不能听孩子说句话。
较比	jiàobǐ	比较	这件黄色的看起来较比好些。
街溜子	gāiliūzi	游手好闲的人	你这一天正经事什么也不干，不成街溜子了吗？
截长补短	jiécháng bǔduǎn	时常，常常	她知道妈妈爱吃鱼，截长补短地就给拎条鱼来。
界壁儿	jièbǐr	隔壁	我们界壁儿的人特别好。
筋叨叨儿	jīndāodaor	指事物有嚼头，也说"筋叨""筋筋叨叨儿"	这屉子饽饽筋叨叨儿的，挺好吃。
筋骨囊儿	jīnggu'nāngr	比喻有韧性，承受得住	这匹布放柜里时间太长了，一点筋骨囊儿都没了。
紧着溜儿	jǐnzheliúr	①加紧，也说"紧三溜儿""紧溜儿" ②一再	①任务下来，我们就紧着溜儿干，还是没完成。②紧着溜儿告诉你快点做，就是不听话。
尽自	jǐnzì	不停地，总是，老是	他尽自在那说话，人们都听烦了。
劲儿劲儿的	jìnrjìnrde	劲头十足	大伙正干得劲儿劲儿的，他闯进来了。
进盐酱	jìnyánjiang	听从劝告	好话都说了一火车了，就是不进盐酱。
净意儿	jìngyìr	故意	这显然是净意儿划的，什么大学老师！

193

卷面子	juǎnmiànzi	在众人面前不给面子，使难堪。	老是卷人家的面子，人家能稀罕你吗？
绝户气	juéhuqì	无儿无女的人	动不动就骂人绝户气，你损不损啊？
倔了吧唧	juèlebājī	说话办事死板生硬的样子	你呀，给人感觉倔了吧唧的，就不能改改？
开面儿	kāimiànr	给人面子	大家轮流劝了半天，她就是不开面儿。
砢碜	kēchen	寒碜，同"砢啦巴碜的"	她长得是砢碜点，那你也不能就这么砢碜人家啊。
可怜不识见儿的	kěliánbù shíjiànrde	很可怜	我看你可怜不识见儿的，想帮帮你。
裉劲儿	kènjìnr	关键时刻、环节	一到裉劲儿上，他就不给力了。
吭哧瘪肚	kēngchībiě dù	说话吞吞吐吐，做事费力的样子	吭哧瘪肚写了半天，也没见写几个字。
哭巴精	kūbajīng	爱哭的孩子	这孩子整天哭，大家都叫她哭巴精。
苦熬苦拽	kǔáokǔye	历尽艰难困苦，同"苦扒苦拽"	苦熬苦拽地干了一辈子，到头来就光身走了。
快溜儿	kuàiliūr	快点	别磨叽，快溜儿的。
砬子	lázi	①山上耸立的大岩石②乱子，麻烦③很厉害的人	①爬到那块砬子上就能看到海。②你没上课吧，这下可惹砬子了。③这家伙可碰上砬子了。
喇忽	lǎhu	马虎	干啥都不能喇忽，要不啥都做不好。
落兜	làdōu	落在最后	你在咱们班都落兜了，还不努力。

来干儿	láigānr	瞧着吧，指对某事充满希望	来干儿吧，我们既然答应了就能做好。
赖唧唧的	làijījīde	不停地纠缠	她从早上一直坐到现在，赖唧唧的就是不走。
狼哇地	lángwāde	拼命地哭叫，同"狼哇哇地"	那孩子在那狼哇地嚎，你就不管管啊。
牢棒	láobang	牢固、结实	他把柴禾捆了好几道，很牢棒了。
老背	lǎobēi	落在最后	1000 米，他跑个老背。
老鼻子	lǎobízi	非常多	海会的时候，人可老鼻子了。
老客	lǎokè	以经商为职业的人	那时候经常有老客到我们那里收东西。
老眉咔哧眼的	lǎomeikāchīyǎnde	①人衰老的样子②颜色不新鲜	①老眉咔哧眼的，有啥好看的。②柜子用久了，看起来老眉咔哧眼的。
老闷儿	lǎomēnr	少言寡语的人	人们都不喜欢老闷儿，话太少。
老去啦	lǎoqùla	非常多	今天去世博园的人老去啦。
老猪腰子	lǎozhūyāozi	抱定不放的主意	他可有老猪腰子了，劝也没用。
肋赋	lēde	不整洁，不利索，同"赋肋"	你可够肋赋的，鞋都埋汰成这样了也不擦擦。
嘞嘞	lēle	无休止地说	就知道瞎嘞嘞，正经事一点不干。
泪眼巴擦	lèiyǎnbācā	眼泪汪汪，同"眼泪巴擦"	她泪眼巴擦地望着老师。
棱整儿的	léngzhěngrde	有棱有角，整齐，同"棱生儿的"	她天天把行李叠得棱整儿的，可不像你，弄得猪窝似的。

冷不丁	lěngbudīng	突然，同"冷孤丁""冷丁"	他冷不丁拽我一下，我差点就摔了。
离溜歪斜	líliūwāixié	①不直，同"理拉歪斜"②人走路不稳的样子	①你怎么画的啊，离溜歪斜都跑哪去了？②他喝高了，走道离溜歪斜的。
里外里	lǐwailǐ	到头来，总共	我们组里外里也不到十个人。里外里不是把我扯进去了吗？
立马	lìmǎ	立刻，马上	你，干不好立马走人。
利整	lìzheng	利落，整洁	他很注意形象，每天都收拾利整的。
连桥儿	liánqiáor	连襟	别问我，问你连桥儿去。
连人儿	liánrénr	招人喜欢	这小孩长得真连人儿。
连项儿	liánxiàngr	紧接着，马上	你去趟科技处，连项儿把我的材料带过去。
蹽	liāo	迅速地走，跑	赶紧蹽吧，一会儿他们就追上来了。
撩人儿	liáorénr	招人喜欢	她那两只眼睛怪撩人的。
撩闲	liáoxián	故意撩拨，挑逗	没事别在这撩闲。
咧咧	liēlie	①胡乱说②低声不间断地哭泣	①别听他瞎咧咧。②这孩子一天到晚老咧咧，烦死人了。
溜边儿溜沿儿	liūbiānrliūyànr	东西太满或放得太靠边，同"溜边儿码沿儿"	别把瓶子放得溜边儿溜沿儿的，打了怎么整？
溜光水滑儿	liūguāngshuǐhuár	长得干净俊俏	那小伙儿长得溜光水滑儿的，你肯定喜欢。
溜干二净	liūgānèrjìng	丝毫没剩	这些东西被他们造个溜干二净。

溜须捧盛	liūxūpěng shèng	溜须拍马	天天给领导溜须捧盛的，叫人看不起。
六够	liùgòu	充分，程度高	账你们已经查了个六够，发现什么啦？
瞜	lōu	看	这书怎么样，让我瞜一眼。
漏兜	lòudōu	不自觉地把隐情泄露出来	他差一点说漏兜了。
撸锄杠子	lūchúgàng zi	指干庄稼活	我就一个撸锄杠子的，没什么能耐。
卤拉嘎唧的	lǔlagājīde	空气潮湿，使人觉得身上发黏，衣物发潮，也作"卤喇嘎唧的"	一到雨季，屋子里的东西就卤拉嘎唧的。
缕缕行行	lūlūhāng hāng	人非常多，络绎不绝	一进入大厅，就看见缕缕行行的人群。
乱了营	luànleyíng	乱了秩序	一听到警报响，人们就乱了营。
乱儿乱儿的	luànrluànr de	说话不清楚	他一讲话乱儿乱儿的，谁也听不清。
抹搭	māda	眼皮向下但不合拢，表示轻蔑的神态	眼皮一抹搭，白眼一翻，就知道有事了。
麻花儿	máhuār	布类东西经过磨损要破的样子	这衣服都麻花儿了，买件新的吧。
麻溜儿	máliūr	赶紧，赶快	麻溜儿过来，别跟我磨叽。
麻麻约约	mámayuē yue	表面不平，同"麻麻都都"	桌面麻麻约约的，得重新上漆。

麻应人	máyingyín	令人难受，肉麻	宿舍里经常看到老蟑，怪麻应人的。
麻爪	mázhuǎ	受到惊吓的状态	没见过这样的场面，都吓麻爪了。
骂骂吵吵	màmàchāo chāo	连吵带骂	隔壁骂骂吵吵地干什么玩意儿呢？
埋拉巴汰	máilaba tāi	特别脏，同"埋拉咕汰"	好好收拾收拾，别把家弄得埋拉巴汰的。
埋汰	máitai	①脏 ②使人名声不好	①把你那埋汰手好好洗洗。 ②你给钱就等于埋汰我。
卖呆儿	màidāir	看热闹	别站在那卖呆儿，搭把手。
颟	mān	①性格不开朗，少言寡语②长相不聪明不机灵	①他这个人哪都好，就是有点颟。 ②他个小点，长得还挺发颟。
满大劲儿	mǎndàjìnr	最多，顶多	满大劲儿我不干了，还能把我怎么样？
满满登登	mǎnmǎn dēngdēng	很满的样子，同"满满腾腾"	电影还没有开演，院子里就已经挤得满满登登的。
满哪儿	mǎnnǎr	到处	你怎么弄得满哪儿都是水。
慢声拉气儿	mànshēng lāqìr	说话慢条斯理	他讲起话来慢声拉气儿的。
慢头小语儿的	màntou xiǎoyǔrde	慢声细语的样子	她说话从来都是慢头小语儿的。
毛丫子	máoyāzi	着急，害怕，不知所措	他把东西弄坏了，这下可毛丫子了。
冒蒙儿	màomēngr	没有把握地试探着做某事	冒蒙儿买的，也不知道怎么样。

冒漾	màoyàng	容器中的液体过多而流出	加点小心，别倒冒漾了！
没承想	méichéngxiǎng	没想到	我以为你是个好人，没承想是这么个货。
没理会儿	méilǐhuìr	没注意，没在意，同"没许乎儿"	他来过了啊，我还没理会儿！
没咒儿念	méizhòurniàn	没有办法可想	逼得我实在没咒儿念啦，要不我也不来。
没滋拉味儿	méizīlāwèir	没有滋味，没有意思	炒的什么菜，没滋拉味儿的。
美巴滋儿的	měibazēirde	美滋滋的样子	这话听了，让大家心里都美巴滋儿的。
闷搭呼哧的	mēndahūchīde	性格不爽朗	他有点闷搭呼哧的，大家都不怎么喜欢他。
猛不丁	měngbudīng	突然，猛然，同"猛孤丁""猛古丁""猛格丁"	猛不丁来这么一嗓子，没把大伙吓死。
迷里马登儿	mílimǎdēngr	迷迷糊糊，同"迷里马糊儿""迷里马愣儿"	别成天迷里马登儿的，认真点。
密楂马联的	mìzamǎliánde	密密匝匝	圪针长得密楂马联的，根本过不去人。
面矮	miànǎi	好脸红害羞，同"面子矮"	我们老六面矮，委婉点跟她说。
明镜儿	míngjìngr	清清楚楚	谁在领导面前说我坏话，我心里明镜儿似的。
明面儿	míngmiànr	当面	有话明面儿说嘛！

明睁眼露	míngzhēng yǎnlù	很清楚，暴露无遗	谁划了我的车，这是明睁眼露的事。
磨叽	méji	不厌其烦地央求	行啦，你别磨叽啦，该干啥干啥去吧！
抹眼稍子	mǒyǎnshāo zi	抹眼泪，也说"抹眼蒿子"	她讲到伤心处，都开始抹眼稍子了。
沫唧	mèji	①东西弄得到处都是 ②办事不果断	①赶紧把被叠起来，瞅着沫沫唧唧的。②麻溜儿的，别沫沫唧唧的。
磨磨丢丢	mèmediū diū	说话啰嗦	这个人说话总是磨磨丢丢的，烦人。
目搭	mūda	瞪	她不高兴地目搭一下服务员。
嗯哪	nna	叹词，表示答应	嗯哪，我这就去。
拿把	nábǎ/ nába	①摆架子，拿架子②要挟，刁难	①求你这么点事，你还跟我拿把。②我这么体谅你，你还拿把起来了。
耐心烦儿	nàixīnfánr	不急躁、不厌烦的性格	她真有耐心烦儿，要我，可不行。
馕吃包儿	nǎngchi bāor	能吃的人，同"馕食包儿"	他是我们班有名的馕吃包儿。
孬发	nāofa	伤口发炎、溃烂	赶紧去医院处理一下吧，孬发就坏了。
挠扛子	náogàngzi	逃跑，溜走	眼瞅着那狍子就挠扛子了！
脑瓜仁子	nǎoguāyín zi	头的内部，也作"脑仁儿"	那香水熏得我脑瓜仁子疼。

続表

闹了一六八开	nàoleyīliùbākāi	原来，意即表示发现了真实情况，同"闹了一六十三着"	他说他能行，闹了一六八开，把我给涮了。
嫩绰儿	nènchaor	特别嫩	蘑菇啊，嫩绰儿点的好吃。
能叽	néngji	小孩纠缠大人	别跟我在这能叽，一边拉去。
蔫巴登儿	niānbadengr	悄悄地，同"蔫不登儿""蔫巴悄儿""蔫不出溜儿"	人家蔫巴登儿地都发了几篇核心了。
蔫头蔫脑	niāntóuniānnǎo	人不爱说话，性格不开朗	别看他蔫头蔫脑的，可有主意了。
年八百辈儿	niánbābǎibèir	从来，总是，同"年辈儿"	你看他年八百辈儿不生气，发起火来可够你呛。
念三七儿	niànsānqīr	旁敲侧击，同"念三音儿"	你少给我念三七儿！
念诵	niànsòng	挂念，念叨	耳朵根子发热，一定有人念诵我呢。
袅悄儿的	niāoqiāorde	动作没有声响，悄悄的	你能不能别这么袅悄儿地过来，吓我一跳。
尿性	niàoxìng	顽强，固执	大冬天有用，你真尿性。
泞拉巴唧	nènglebāji	泥泞	一下雨，这条路就泞拉巴唧的，一点也不好走。
弄归齐	nèngguiqí	到最后，结果，同"闹归齐"	我查了半天，弄归齐是你个王八蛋。
趴窝	pāwō	比喻机器、车辆等停止工作	这里冬天一下雪，车就趴窝了。

201

膀头膀脑	pāngtǒu pāngnǎo	脸部浮肿的样子	你的脸怎么了，膀头膀脑的？
胖不出溜的	pàngbu chūliūde	很胖的样子	这孩子长得胖不出溜的，谁稀罕？
胖古伦墩	pànggulún dūn	胖墩墩的样子	一瞅他那肥嘟嘟，胖古伦墩的样就恶心。
泡子	pǎozi	池塘	别让孩子在泡子里洗澡。
批儿片儿的	pīrpiànrde	非常杂乱的样子	这屋子批儿片儿的，怎么搞的？
皮麻撒眼儿的	pímasāyǎn rde	顽皮，不听话的样子	谁喜欢这样皮麻撒眼儿的孩子？
撇家舍业	piējiāshěyè	抛开家庭等去打拼	你就这样撇家舍业地干，得到什么了？
贫嘴疙瘩牙的	pínzuǐgā dayáde	爱说废话或玩笑话	大家闲来无事，都在那里贫嘴疙瘩牙地瞎侃。
破马张飞	pèmázhāng fēi	撒泼，撒野，也作"泼马张飞"	听到他的奖金少，他就破马张飞地跟我喊。
破谜儿	pèmèir	出谜语给人猜	奶奶总给我破谜儿，可有意思了。
破衣拉撒	pèyīlāsā	衣服破烂不整齐，同"破衣罗梭"	一去百货就能看见那个穿得破衣拉撒的乞丐。
扑拉	pūla	用手除去	你把那桌子扑拉扑拉，多埋汰啊。
扑喽	pūlou	①用手拍打去掉身上的灰尘等②处理，办理	①扑喽扑喽你的裤子，都尘土。②一天竟扑喽这些破事了，正经事啥也干不了。

堡子	pǔzi	村子	我们住在一个堡子里。
喊哧喀喳	qīchīkā chā	①象声词，柴草等折断发出的声音②形容人说话办事干脆、利索	①脚踩在秫秆上，发出喊哧喀喳的声音。②他对工作认真负责，办事也喊哧喀喳。
七大八	qīdàbā	大概	我一看他的脸色，就猜出了七大八。
七大姑八大姨	qīdàgūbā dàyí	一般的亲戚朋友	结婚那天，他们家七大姑八大姨的都来了。
起刺儿	qǐcìr	调皮捣乱	闲着没事想起刺儿啊，找收拾吧。
起根儿	qǐgēnr	从一开始，同"打起根儿"	他的话起根儿我就没信。
起小儿	qǐxiǎor	从幼年时起	他起小儿就懂事，很招人稀罕。
起早爬半夜	qǐzǎopá bànyè	起早贪黑	起早爬半夜忙了一年，啥都没剩下。
气不肚子	qìbudǔzi	嫉妒，嫉恨	她可好气不肚子了，人家干啥她都眼红。
气不公儿	qìbugōngr	感到不公平而不服气	你看着气不公儿就敢瞎说啊。
掐	qiā	①把握时间②量词	①你可真有意思，每次都掐点来。②给我拿一掐韭菜过来。
钳巴	qiánba	互相打闹	这俩孩子玩玩就钳巴起来了。
前赶后错	qiángǎn hòucuò	由于偶然因素而形成一定结果	前赶后错就到你家了，该着。

前趴子	qiánpāzi	胸腹朝下摔在地上	一不小心摔了个前趴子，衣服也破了。
前失	qiánshi	向前跌跤	成天跟头前失的，你是怎么啦？
欠儿	qiànr	爱管闲事，爱显摆自己	这人真欠儿，哪儿都有他。
欠儿不登	qiànrbu dēng	爱管闲事，爱显示自己的人	你真是个欠儿不登，哪有事哪到！
强使八伙儿	qiángshǐ bāhuǒr	勉强	强使八伙儿走到半山腰，再也走不动了。
悄巴声	qiāoba shēng	悄悄，同"悄不声""悄没声"	悄巴声地过去就得了，别敲门了。
翘棱	qiáoleng	器物等因受潮等原因而变形	这板子得烤，要不一潮就翘棱。
撬行	qiàoháng	用各种手段破坏别人的事情	他一辈子没干什么好事，竟给人撬行了！
亲戚里道的	qīnqīlǐ dàode	来往密切的亲戚	亲戚里道的，该帮衬就得帮衬。
勤谨	qínjin	勤快	他可是个勤谨人，多向人家学学。
球哄哄的	qiúhōng hōngde	顽皮，调皮，同"球拉嘎唧的"	这几个球哄哄的学生，真拿他们没招。
曲咕	qūgu	小声交谈	有事大声说，别在那儿曲咕。
圈拢	quānlong	欺骗，同"圈弄"	你还别圈拢我，你什么人谁不知道呀！

全科	quánke	齐全，同"全和""全可"	他带的东西老全科了，缺啥就找他。
缺德带冒烟儿的	quēdédài màoyānrde	人很缺德	缺德带冒烟儿的，这个人准不得好死。
饶着	ráozhe	尽管，虽然	饶着我把活儿干了，还得挨他损。
绕摸摸	ràomēme	①在一个地方绕圈子②说话拐弯抹角	①一直没找到出口，净在这绕摸摸了。②别跟我绕摸摸，有话直说。
绕绕哄哄	ràoraohōnghōng	转悠	你绕绕哄哄的干啥呀，看得我头疼。
惹砬子	rělázi	惹麻烦，惹是非	这一次他又惹砬子了。
热呲乎拉的	rècihūlāde	热，温度高，同"热乎拉的""热里乎拉的"	这天，烤得我脸都热呲乎拉的。
人来疯狗来浪	rénláifēng gǒuláilàng	孩子在人多时为显示自己而胡闹	这群孩子，人来疯狗来浪，不知好歹。
仁义	rényi	通情达理	他很仁义，多跟他接触接触有好处。
肉筋筋	ròujìnjīn	不利索，不麻利	利索点儿不行啊，肉筋筋的。
肉头	ròutou	丰满而柔软；软和且略带韧性	这小胖孩的手多肉头。
软拉咕唧的	ruǎnlagūjīde	软而缺乏弹性	这东西软拉咕唧的，有没有硬实点的？
撒谎撩屁	sāhuǎng liàopì	说谎话、屁话	他整天就会撒谎撩屁，哪个正形。

205

撒目	sámu	寻找，也作"撒抹""撒摸"	进人家不要瞎撒目，不礼貌的。
仨屁俩谎	sāpìliǎ huǎng	一说话就撒谎，同"一屁俩谎"	你让我相信他，仨屁俩谎的，就没跟我讲过实话。
赛脸	sàiliǎn	故意反其道而行	别跟我赛脸，一边拉凉快去。
散摊子	sàntānzi	散伙，收摊	门口的饭店开了不长时间就散摊子了。
臊不搭的	sàobudā de	害羞，不好意思	一提起过去的事，他就有点臊不搭的。
杀口	shākǒu	清爽可口	大夏天吃点这东西，老杀口了。
傻狍子	shǎpáozi	傻子	你个傻狍子，这都看不出来啊。
山旮旯儿	shāngālár	偏僻的山区	山旮旯儿出来的孩子就得努力啊。
善茬子	shàncházi	有能力但不好惹的人	他可不是个善茬子，很厉害的。
讪脸	shànliǎn	孩子在大人面前嬉皮笑脸	你再跟我讪脸我就揍你。
上赶着	shànggǎn zhe	主动	上赶着不是买卖，我可不去。
勺拉光唧的	sháola guāngjīde	办事不稳重，没深没浅	看他那勺拉光唧的样，我也不能信他。
伸腿拉胯	shēntuǐlā kuà	姿势过于随便而显得不够体面	一个大姑娘，伸腿拉胯的多不好！
神吹海聊	shénchuī hǎiliáo	漫无边际地闲谈	一见面就跟我神吹海聊，正经事一点没有。

瘆人巴拉的	shènrénbālāde	阴森可怕	大半夜别唱了，瘆人巴拉的。
生扯活拉	shēngchehuólā	强硬地，同"生吃呼拉""生之呼拉""生呼拉的"	他不好好上学，生扯活拉给他妈气病了。
湿咕耐的	shīgu'nāide	潮湿且令人生厌	一到夏天这里就湿咕耐的，很讨厌。
实打实凿	shídǎshízháo	实实在在	实打实凿地说，这其实真不怎么样。
试巴试巴	shìbashìba	①尝试②比试	①我来试巴试巴，不信就整不了他。 ②不服啊，来，咱试巴试巴。
手拿把掐	shǒunábǎqiā	非常有把握	就这个活啊，放心，手拿把掐的。
熟头巴脑	shútoubā'nǎo	非常熟悉	大家都熟头巴脑的，有事都吱个声。
鼠迷	shǔmi	懵懵懂懂	把个图纸看完，我立马鼠迷了。
树趟子	shùtàngzi	成行的小树林	每天早上我都能看到他在树趟子里锻炼。
耍单崩儿	shuǎdānbēngr	自己单独干	合着干了一点时间，一看不行，我只能耍单崩儿了。
耍豪横	shuǎháoheng	耍野蛮	仗着他爹是村长，总是跟我们耍豪横。
耍钱	shuǎqián	赌博	你要是再出去耍钱，我就剁了你的手。

摔耙子	shuāipázi	因生气而拒绝继续	摔耙子算什么能耐，好好干才行。
甩大鞋	shuǎidàxié	落后，不积极	你就这样甩大鞋，到什么时候是个头？
甩脸子	shuǎiliǎnzi	表现不满情绪	你给谁甩脸子，反了天了，你？
顺竿爬柳	sùngānpáliǔ	顺势逢迎别人	顺竿爬柳的，也就这点能耐了。
说不说咋的	shuōbu shuōzǎde	不论怎么说	你说不说咋的，他就是不动地方。
说了归齐	shuōleguīqí	说了半天，结果是……	说了归齐，你就是我要找的人啊！
丝巴	sība	味道发涩	这李子太丝巴了，熟透再吃吧。
死气白赖	sǐqibāilāi	纠缠不放；固执坚持	他死气白赖要来，我也没办法。
四脖子	sìbézi	满脖子	一条垄耪下来就四脖子流汗，这天也太热了。
四六不懂	sìliùbùdǒng	什么也不懂	成天装得人似的，其实纯粹四六不懂。
四马汗流	sìmǎhànliú	浑身到处都流着汗	你看他热的，四马汗流的。
四仰八叉	sìyǎngbāchā	仰面朝天	他四仰八叉地躺在沙滩上。
馊咕奈的	sōugu'nāide	有馊味	什么饭啊，馊咕奈的，换一碗。
酸性	suānxìng	性情不和气，不容人	那人老酸性了，还是离远点好。

随份子	suífènzi	婚礼等给礼钱	借俩钱周末随份子。
随根儿	suígēnr	脾气、秉性等与父辈相同	他这点儿是随根儿啊!
碎挠挠的	suìnāonāo de	特别细碎	这整得碎挠挠的,还怎么吃?
嗦嘞	suōle	吮吸	嘴里叼个棒棒糖,不停地嗦嘞。
胎拉巴唧	tāilabājī	韧性不强	这面胎拉巴唧的,咋和的?
淌眼抹泪	tǎngyǎnmǒlèi	哭泣不止	淌眼抹泪好几天了,你也不劝劝去。
掏火耙	tāohuǒpá	从灶膛里掏柴灰的工具	他提溜个掏火耙就追出来了。
讨登	táodeng	费力寻找	有时间给我讨登个二手自行车。
特性	tèxìng	脾气特殊	这人太特性,和谁也处不到一块儿。
忒儿喽忒儿喽	tēirlōutēirlōu	哭泣时抽吸鼻涕的声音	我还没说完,他就忒儿喽忒儿喽地哭起来。
提拉秃噜	tílatūlū	①接连不断的样子②哭泣的样子	①面上来后,他就站在那提拉秃噜一会儿就吃完了。②他提拉秃噜地哭上了。
提气	tíqì	神气,有气势	挺利整个人,穿个布衫子,一点儿不提气。
填合	tiánhuo	满足,使人满意,同"添乎"	这老母猪,真填合人,一窝10个崽子。
腆胸洼肚	tiǎnxiōngwādù	耀武扬威的样子	熊色,腆胸洼肚的,给谁看呢?
挑刺儿	tiāocìr	挑剔,指责	这几个人顶数你爱挑刺儿。

挑尖起火	tiǎojiān qǐhuǒ	挑拨离间	你要敢挑尖起火，看我不收拾你。
听喝儿	tīnghēr	听从命令，任人摆布	咱小老百姓，就得听喝儿，要不还能咋地？
听五是六	tīngwǔshì liù	盲从，轻信	别听五是六，就没个自己的主见。
挺实	tǐngshi	硬而平整	这衣服一熨就是挺实。
通齐	tōngqí	共计，总共	通齐住了三宿，两宿没合上眼。
头不抬眼不睁	tóubutái yǎnbu zhēng	心无旁骛	任务下来，头不抬眼不睁干了三天，终于完成了。
头一末儿	tóuyīmòr	首次	我头一末儿听说猪还能上树。
秃拉光唧的	tūlaguāng jīde	光秃秃的样子	这还叫山，秃拉光唧的，要啥没啥。
秃噜反帐	tūlufǎn zhàng	反复；反悔	他就这样，秃噜反帐地都多少回了。
秃噜扣	tūlukòu	事情没办成	别的我都不担心，就怕你秃噜扣。
图希	tūxi	为达到某种目的	你图希啥，非要这样拼命干？
土包子	tǔbàozi	没有见过世面的人	土包子怎么了，我还有良心在，你呢？
团巴	tuánba	揉捏成团状	他把衣服团巴团巴就扔床底下了。
忒	tuī	太	这回咱们的损失可忒大了。
托人弄戗	tuōrénnòng qiàng	费力寻找关系	托人弄戗给你找个工作，你还不干了，这不傻吗？
挖门子	wāménzi	寻找门路，同"剜门子"	他挖门子盗洞地终于给儿子找了个活干。

外捞儿	wàilàor	额外的收入	他呀，工资不多，外捞儿不少。
剜	wān	瞪	你剜我干嘛，找揍吧?
剜门盗洞	wānmén dàodòng	寻找门路，同"剜窟窿倒洞"	你就剜门盗洞找到工作，又能咋地?
弯曲巴拉的	wānqūbālā de	弯曲不直	这树长得弯曲巴拉的，啥都用不上。
往次	wǎngcì	往常，从前	往次他也不迟到啊，不知道咋地了。
偎蹭	wēiceng	臀部不离开坐着的物体而移动身体	他往坑里一偎蹭，顺势倒在炕上。
未见起	wèijiànqǐ	不一定	他未见起能把我咋的。
呜嗷喊叫	wūāohǎn jiào	大声叫喊，同"呜嗷敲叫"	一下课，孩子们呜嗷喊叫地跑出教室。
无冬立夏	wúdōnglì xià	一年四季	他无冬立夏穿一身破工作服。
武把操儿	wǔbǎcāor	能耐，本事	你那武把操儿，也想跟我动手!
伍的	wǔde	等等，之类	把什么吃的用的伍的，都带点儿。
五饥六受	wújīliù shòu	心神不定，同"屋脊六受"	没有事干，也成天五饥六受的。
五迷六道儿	wǔmíliù dàor	迷糊，眩晕，同"五迷三道儿"	他成天喝得五迷六道儿的。
舞舞抓抓	wǔwǔzhuā zhuā	比比划划	唠到兴奋处，他就舞舞抓抓地大喊起来。
稀的	xīde	希望，同"希的""希得"	谁稀的管这破事。

惜外	xīwài	见外	到家了，随便坐，别惜外。
息心	xīxīn	放心	他看着她有点不息心。
喜性	xǐxìng	高兴，欢喜	他不喜欢唱喜性的歌。
细巴连千	xìbalián qiān	身材又高又瘦，同"细巴连颤"	一个小伙子长个细巴连千的腿，不好看。
瞎叭叭	xiābāba	胡乱讲，同"瞎巴巴"	没正事，都是瞎叭叭。
瞎模糊眼	xiāmohū yǎn	视力不好，同"瞎马糊眼"	瞎模糊眼地往哪走呢，错了。
吓人道怪的	xiàréndào guàide	使人害怕，同"吓人古道的"	别弄这个破玩意儿，吓人道怪的。
鲜灵	xiānling	颜色明亮；味道鲜美	碗的颜色很鲜灵，汤也很鲜灵。
闲嘎搭牙	xián'gāda yá	闲谈	别没事闲嘎搭牙，不能干点正经事啊！
嫌乎	xiánhu	嫌弃，厌恶	别嫌乎我这简陋，就这条件啊。
显白	xiǎnbai	显示夸耀，同"显摆""显巴"	别在我们面前显白了，大家都知道了。
显大眼儿	xiǎndà yǎnr	显示自己，丢丑，同"现大眼"	显大眼儿的玩意儿，赶紧滚家去。
现世报儿	xiànshì bàor	出丑丢脸的人	你个现世报儿，还在这丢人，赶紧走。
相门户	xiāngmén hù	相亲	相门户那天你一定陪我去啊。
想一出儿是一出儿	xiǎngyīchū rshìyīchūr	想干什么就干什么	你不能想一出儿是一出儿，多大个人啦！

小得溜儿	xiǎodeliūr	数量不多	小得溜儿地收点礼，你以为别人不知道啊。
小九九	xiǎojiǔjiǔ	算计	每个人心里都有自己的小九九。
笑不滋儿的	xiàobuzīr de	微笑的样子，同"笑不唧儿的"	他笑不滋儿地跟我说："外语过了。"
蝎虎	xiēhu	①恐吓②厉害③故意夸大	①你用不着蝎虎我，我不是吓大的。②他的枪法很蝎虎。③有那么蝎虎吗？瞎说。
蝎虎巴拉的	xiéhubālā de	厉害	别说得蝎虎巴拉的，有那么严重吗？
鞋窠子	xiékēzi	鞋里边，同"鞋窠浪儿"	外面雨挺大的，我鞋窠子里都是水。
心不在肝上	xīnbúzài gānshang	心不在焉	别干啥都心不在肝上，认真点。
新新	xīnxīn	新鲜，奇怪，出乎意料	男孩都留长发了，真新新。
腥号号的	xīnghāo hāode	腥味刺鼻，同"腥蒿蒿的"	我喜欢看海，但烦那腥号号的味。
兴兴	xīngxing	吵闹使人烦躁	这里太兴兴了，不行换个地方吧。
兴许	xīngxǔ	也许，或许	兴许明天就回来了，别着急。
熊样	xióng yàng	软弱、无能的样子，同"熊色样儿""熊色"	瞅你那个熊样，还整死我呢，不整死你就算了。
鸦默雀动	yǎmòqiǎo dòng	非常安静，同"亚默悄声"	一到天黑，这里就鸦默雀动的，一点声音没有。

眼泪巴叉	yǎnlèibā chā	眼里含泪的样子，同"眼泪巴嚓"	一提起那事，他就眼泪巴叉的。
眼目前儿	yǎnmu qiánr	①眼前，目前 ②常见	①眼目前儿的事还弄不完呢，别揽活儿了。 ②眼目前儿的字他能认识几个？
秧子	yāngzi	游手好闲的人	成天正事不干，他就是个秧子。
洋拉子	yánglázi	毛毛虫	枣树上洋拉子多，瞅着点。
佯愣二疰	yángleng èrzhèng	精神不集中，也作"洋了二正"	你一天佯愣二疰的，到底怎么啦？
佯死带活的	yángsǐdài huóde	无精打采的样	一天天佯死带活的，咋地啦？
要不的	yàobudì	如果不是这样	你那天有会，要不的，就你去了。
夜儿个	yèrge	昨天	夜儿个你高中老师来了。
一截股	yījiēgu	一段，一截儿	你把这一截股锯掉就行了！
一块堆儿	yīkuàiduīr	一起	没事你别跟他往一块堆儿凑，离远点儿。
一来一来的	yīláiyìláide	善于做某事	他损人一来一来的，都不用回家取去。
一码儿	yīmǎr	可能，大概	没来电话，一码儿又是出差了。
一码儿	yìmàr	全部，同"一抹儿"	这条街上一码儿都是卖小食品的。
一屁俩谎	yípìliǎ huǎng	经常说谎话	你可别信他，一屁俩谎的，没个准儿。
意意思思	yìyìsīsī	犹豫不决的样子	还意意思思的干嘛，要去就去呗。

阴天呼啦的	yīntiānhū lāde	天气阴沉，同"阴势呼啦的"	这几天天不好，成天阴天呼啦的。
应当儿的	yīngdāngr de	周到妥帖，令人满意	他找个人细致，每次出差都把我的东西收拾得应当儿的。
影影忽忽	yǐngyǐng hūhū	影影绰绰	对面儿影影忽忽好像走过来两个人。
油梭子	yóusuōzi	油渣儿	油梭子包饺子挺好吃的。
有时候了	yǒushíhòu le	很长时间	他可有时候没回来了。
余作	yūzuo/ rūzuo	舒服，同"嚅唑"	听说孩子在部队干得挺好，他心里挺余作。
再份	zàifen	如果有一点可能，同"再凡"	再份有点能耐，谁来这遭这罪啊。
在早	zǎizǎo	以前	在早我不知道他是啥人，现在明白了。
奘	zàng	粗暴，急躁	他脾气可奘了，别逗试他。
糟践	zāojian	①浪费、损坏 ②侮辱、蹂躏	①再不打药，这庄稼就得糟践了。 ②有你这样糟践人的吗？
早和儿	zǎohèr	时间尚早，同"早着和儿"	着啥急，离上课还早和儿呢。
贼拉	zéilā	很，非常	他这个人贼拉好，处处就知道了。
炸屁儿	zhàpìr	调皮捣蛋，不服管	有你在，他们就不敢炸屁儿。
侧棱	zāileng	向一边斜	他昨个腿磕了，现在走路还一侧棱一侧棱的呢。

侧歪	zāiwai	斜倚，倾斜	别侧歪在沙发上，床上去。
沾包儿	zhānbāor	受牵连	离这人远点，出事你就沾包儿了。
张抓似的	zhāngzhuā shìde	人激动、愤怒、焦急时的状态	看到好吃的他就张抓似的上前抢。
着五不着六	zhāowǔbù zhāoliù	说话办事考虑不周	说话别着五不着六的，想好了再说。
照说	zhàoshuō	按说	照说他今天应该到了。
这扯不扯	zhèchěbu chě	多表示不满、责怪、后悔等	这扯不扯，要是早来些不就好了。
整个浪儿	zhěngge làngr	全部	这面山上整个浪儿都种了槐树。
整庄	zhěng zhuang	整齐，不零散	房款定下来了，50万，还挺整庄。
支巴	zhība	①支撑，撑起②交手打起来	①他弄两根棍子就把蚊帐支巴起来了。②话没说完，两人就支巴起来了。
直巴楞腾的	zhíbalēng tēngde	①直挺挺的样子，同"直巴棱筒的"②径直	①他直巴楞腾地往床上一躺，一会儿就着了。②他直巴楞腾地走进来，吓我一跳。
指定	zhǐdìng	一定，肯定	这事指定是他干的。
治气	zhìqì	怄气、赌气	我没和你治气，是你个人生气呢。
滞滞扭扭	zìzìniǔniǔ	慢慢腾腾，不愿意	我让他取个撮子，他都滞滞扭扭的。

中不溜丢儿	zhōngbu liūdiūr	中等的，中间的	大的不要，中不溜丢儿的就行。
周	zhōu	①从一侧或一端托起②公开③喝（酒）	①别周桌子。②你威胁我啊，信不信把你的破事给你周出来？③他酒量好，一下子周了大半瓶。
拽	zhuāi	摔、扔	生气也不能拽东西啊。
跩	zhuǎi	身体不灵活，走路摇摆	他得过毛病，现在走路一跩一跩的。
跩跩达达	zhuǎizhuǎi dādā	走路摇摇晃晃的样子	鸭子走路都是那样，跩跩达达的。
装大瓣儿蒜	zhuāngdà bànrsuàn	装蒜、装相	别跟我装大瓣儿蒜，你俩小子骗谁啊？
装孙子	zhuāng sūnzi	装作顺从、可怜的样子	在我面前装孙子，以前干什么去了？
装熊	zhuāng xióng	假装无能	他怎么会不知道，装熊！
壮脸	zhuàngliǎn	争气	下回我也壮壮脸，拿个第一名。
准成	zǔncheng	可靠	现在的姑娘挺不准成的，看住了。
紫烂蒿青	zǐlànháo qīng	颜色紫得发青，同"紫拉蒿青"	他从山上滚下来，把腿摔得紫烂蒿青的。
自个儿	zìgěr	自己，同"自己个儿"	啥事都得自个儿拿主意。
走字儿	zǒuzìr	走运	今年不走字儿，种点儿地还都荒了。

嘴巴郎唧的	zuǐbalàngjīde	①说脏话②极力辩解	①嘴巴干净点，别跟我嘴巴郎唧的。②这孩子不服管，还嘴巴郎唧的。
嘴荏子	zuǐcházi	言语，表述	别看他没什么能耐，可嘴荏子厉害。
醉马天堂	zuìmǎtiāntáng	醉得很厉害	别成天喝得醉马天堂的，注意身体啊。
左溜	zuǒliù	反正	左溜也是输，放弃得了。
左撇拉子	zuǒpiělǎzi	左撇子	他是个左撇拉子，开始还拿左手写字呢。
坐起根儿	zuòqǐgēnr	从来，根本	坐起根儿他就没看上眼。

后　记

　　《东北方言与文化》脱稿了，把想说明的一些东西放在后记中吧。

　　中国国际广播出版社想出版一套方言文化丛书，其中东北方言位列其中。出版社张淑卫老师通过我所在单位的张洋老师找到我，问我是否有兴趣。经过考虑，虽然时间较紧，我还是很情愿地接受了这个任务。通常讲，因为任务去做的事情，很多都不是有热情的，但这次是例外。首先，因为我也是一个东北人。身处这片土地，听着熟悉的东北话长大，却往往忘记了好好审视它。也许这就是身在此山中的原因吧。能有机会站在"山外"欣赏这"山里的美景"，十足是一种享受；其次，东北方言"成"了一种方言。学理上，东北方言是确确实实存在的，但是人们对东北方言的认识就不一定如此了。东北方言因为与普通话之间的相似度很高，所以通常人们就不再纠缠于两者的区分了。而且人们大多认为东北方言比较土气和生硬，所以东北方言很长时间不受关注。近年由于东北方言的影响逐渐扩大，这种方言现在受到了很多群体的关注。在这个时期重新审视这种方言，是应时之需，对于方言的使用以及本体研究也都有一定的积极作用。这样有意义的事情做起来，当然就不会有被给任务的感觉了；还有一点，就是一直关注语言资源问题也影响着我做这个题目。方言是语言资源的重要组成部分，每种方言都代表着特殊的文化特质，是特定区域人们重要的交际工具。东北方言的形成过程比较复杂，受到的影响也很多，这就决定了这种方言的特异性，成为汉语资源中非常有特色的一部分。如何保护、开发、利用这种资源，已经成为一个现实的问题摆在我们面前。在东北，已经有不同领域的人提出了保护东北方言的说法。事实上，东北方言中的确有很多东西在逐渐消失，如果不及时采取措施，一些有价值的东西可能也会逐渐消失在人们的视野中。这也促使我接受并完成这个任务。

说实话，小书虽然脱稿，心里还是非常忐忑的，因为时间紧、任务重，书中一定还有很多不足需要修正。好在还有时间和机会，我会把东北方言的研究作为我的课题继续下去。

《东北方言与文化》是通俗读物，是向读者介绍东北方言的。我衷心希望我达到了这个目的，也希望广大读者能多提宝贵意见。

这本书是我和我的硕士研究生集体劳动的结晶。在资料整理及草稿拟定的过程中，我的 2010 级研究生陈红、张亮、张旋，2011 级研究生闫肃、杨霞、杨旭怡、韩建悦、季旭等付出了很多的时间和精力，在此一并表示感谢。如果没有这样一个团队，我们不可能按时完成出版社的任务。这里尤其要说明的是，闫肃同学为这项工作付出了很大的辛苦。他们都是非常可爱的学生，也是我的好朋友，衷心祝福他们一切都好。

感谢中国国际广播出版社的各位老师，尤其是张淑卫、杨桐老师。为了小书能够顺利完成，淑卫和杨桐老师不但给我们提供了很多很好的思路，还多次审读，提出了宝贵的意见。在此诚挚祝福你们工作愉快、诸事顺遂。感谢在东北方言研究中作出贡献的人们，小书正是有了这样的参考资料才得以顺利完成。

每一种方言都是美丽的，东北方言当然也是美丽的。方言的美丽将吸引我们对它进行更精细的欣赏。以此为起点，我会慢慢体味东北方言。

作者

2013 年 6 月 22 日